高等职业教育"十四五"规划旅游大类精品教材

总主编

马　勇　教育部高等学校旅游管理类专业教学指导委员会副主任
　　　　湖北大学旅游发展研究院院长，教授、博士生导师

编　委（排名不分先后）

朱承强　全国旅游职业教育教学指导委员会委员
　　　　上海杉达学院管理学院、旅游与酒店管理学院院长，教授

郑耀星　全国旅游职业教育教学指导委员会委员
　　　　中国旅游协会理事，福建师范大学教授、博士生导师

王昆欣　全国旅游职业教育教学指导委员会委员
　　　　浙江旅游职业学院党委书记，教授

谢　苏　全国旅游职业教育教学指导委员会委员
　　　　武汉职业技术学院旅游与航空服务学院名誉院长，教授

狄保荣　全国旅游职业教育教学指导委员会委员
　　　　中国旅游协会旅游教育分会副会长，教授

邱　萍　全国旅游职业教育教学指导委员会委员
　　　　四川旅游学院旅游发展研究中心主任，教授

郭　沙　全国旅游职业教育教学指导委员会委员
　　　　武汉职业技术学院旅游副院长，副教授

罗兹柏　中国旅游未来研究会副会长，重庆旅游发展研究中心主任，教授

徐文苑　天津职业大学旅游管理学院教授

叶娅丽　成都纺织高等专科学校旅游教研室主任，教授

赵利民　深圳信息职业技术学院旅游英语专业教研室主任，教授

刘亚轩　河南牧业经济学院旅游管理系副教授

张树坤　湖北职业技术学院旅游与酒店管理学院院长，副教授

熊鹤群　武汉职业技术学院旅游与航空服务学院党委书记，副教授

韩　鹏　武汉职业技术学院旅游与航空服务学院酒店管理教研室主任，副教授

沈晨仕　湖州职业技术学院人文旅游分院副院长，副教授

褚　倍　浙江旅游职业学院人力资源管理专业带头人，教授

孙东亮　天津青年职业学院旅游专业负责人，副教授

闫立媛　天津职业大学旅游管理学院旅游系专业带头人，副教授

殷开明　重庆城市管理职业学院副教授

莫志明　重庆城市管理职业学院副教授

蒋永业　武汉职业技术学院旅游与航空服务学院副院长、副教授

温　燕　浙江旅游职业学院休闲专业教研室主任

高等职业教育"十四五"规划旅游大类精品教材

全国导游讲解范例系列教材

导游讲解范例

Hubei Daoyou Jiangjie Fanli

主　编◎朱德勇　张　慧
副主编◎石　洁　印　杨　王海荣
参　编◎陈靓玉　王家昕　周　媛　陆　媛　张秋勇

华中科技大学出版社
http://www.hustp.com
中国·武汉

图书在版编目(CIP)数据

湖北导游讲解范例/朱德勇,张慧主编.—武汉:华中科技大学出版社,2022.5(2025.1重印)
ISBN 978-7-5680-8176-4

Ⅰ.①湖… Ⅱ.①朱… ②张… Ⅲ.①导游-湖北-资格考试-教材 Ⅳ.①K928.963

中国版本图书馆CIP数据核字(2022)第088063号

湖北导游讲解范例
Hubei Daoyou Jiangjie Fanli

朱德勇　张　慧　主编

策划编辑：王　乾
责任编辑：刘　烨　王梦嫣
封面设计：原色设计
责任校对：刘　竣
责任监印：周治超

出版发行：华中科技大学出版社(中国·武汉)　　电话：(027)81321913
　　　　　武汉市东湖新技术开发区华工科技园　　邮编：430223

录　　排：华中科技大学惠友文印中心
印　　刷：武汉市籍缘印刷厂
开　　本：787mm×1092mm　1/16
印　　张：14.5
字　　数：288千字
版　　次：2025年1月第1版第3次印刷
定　　价：49.80元

本书若有印装质量问题,请向出版社营销中心调换
全国免费服务热线：400-6679-118　竭诚为您服务
版权所有　侵权必究

内容提要 Abstract

　　本书是全国导游资格考试湖北地区面试的辅导书,也是湖北省旅游职业教育教学的创新性教材。全书以实际旅游工作为依据,以提高学生人文素养、职业技能为目标,将知识学习和技能训练有机结合,按照任务描述、任务目标、知识活页、同步测试等的编写体例对全国导游资格考试湖北地区面试的内容进行了详细解析,包括面试的要点及流程、面试考查的12个景点的认知及讲解范例、面试答题环节的知识点等。并附有金牌导游、高级导游、资深旅游专业教师在12个景点进行实地导游讲解的精美视频,让学生足不出户就能对景点有直观的认知。本书既适合各类院校旅游类专业教学使用,又适合社会考生备考使用,同时,也可作为旅游企业导游人员的培训教材。

总序 Introduction

伴随着我国社会和经济步入新发展阶段,我国的旅游业也进入转型升级与结构调整的重要时期。旅游业将在推动并形成以国内大循环为主体、国内国际双循环相互促进的新发展格局中发挥独特的作用。旅游业的大发展在客观上对我国高等旅游教育和人才培养提出了更高的要求,希望高等旅游教育和人才培养能在促进我国旅游业高质量发展中发挥更大更好的作用。以"职教二十条"的发布和"双高计划"的启动为标志,中国旅游职业教育发展进入新阶段。

这些新局面有力推动着我国旅游职业教育在"十四五"期间迈入发展新阶段,高素质旅游职业经理人和应用型人才的需求将十分旺盛。因此,出版一套把握时代新趋势、面向未来的高品质规划教材便成为我国旅游职业教育和人才培养的迫切需要。

基于此,在教育部高等学校旅游管理类专业教学指导委员会和全国旅游职业教育教学指导委员会的大力支持下,教育部直属的全国重点大学出版社——华中科技大学出版社汇聚了全国近百所旅游职业院校的知名教授、学科专业带头人、一线骨干"双师型"教师和"教练型"名师,以及旅游行业专家等参与本套教材的编撰工作,在成功组编出版了"高等职业教育旅游大类'十三五'规划教材"的基础上,再次联合编撰出版"高等职业教育'十四五'规划旅游大类精品教材"。本套教材从选题策划到成稿出版,从编写团队到出版团队,从主题选择到内容创新,均作出积极的创新和突破,具有以下特点:

一、以"新理念"出版并不断沉淀和改版

"高等职业教育旅游大类'十三五'规划教材"在出版后获得全国数百所高等学校的选用和良好反响。编委会在教材出版后积极收集院校的一线教学反馈，紧扣行业新变化，吸纳新知识点，对教材内容及配套教育资源不断地进行更新升级，并紧密把握我国旅游职业教育人才的最新培养目标，借鉴优质高等职业院校骨干专业建设经验，紧密围绕提高旅游专业学生人文素养、职业道德、职业技能和可持续发展能力，尽可能全面地凸显旅游行业的新动态与新热点，进而形成本套"高等职业教育'十四五'规划旅游大类精品教材"，以期助力全国高等职业院校旅游师生在创建"双高"工作中拥有优质规划教材的支持。

二、对标"双高计划"和"金课"进行高水平建设

本套教材积极研判"双高计划"对专业课程的建设要求，对标高职院校"金课"建设，进行内容优化与编撰，以期促进广大旅游院校的教学高质量建设与特色化发展。其中《现代酒店营销实务》《酒店客房服务与管理》《调酒技艺与酒吧运营》等教材获评教育部"十三五"职业教育国家规划教材，或成为国家精品在线开放课程(高职)配套教材。

三、以"名团队"为核心组建编委会

本套教材由教育部高等学校旅游管理类专业教学指导委员会副主任、国家"万人计划"教学名师马勇教授担任总主编，由中国旅游教育界的知名专家学者、骨干"双师型"教师和业界精英人士组成编写团队，他们的教学与实践经验丰富，保证了本套教材兼备理论权威性与应用实务性。

四、全面配套教学资源，打造立体化互动教材

华中科技大学出版社为本套教材建设了内容全面的线上教材课程资源服务平台，在横向资源配套上，提供全系列教学计划书、教学课件、习题库、案例库、参考答案、教学视频等配套教学资源；在纵向资源开发上，构建了覆盖课程开发、习题管理、学生评论、班级管理等集开发、使用、管理、评价于一体的教学生态链，打造了线上线下、课内课外的新形态立体化互动教材。

本套教材的组织策划与编写出版，得到了全国旅游业内专家学者和业界精英的大力支持与积极参与，在此一并表示衷心的感谢！编撰一套高质量的教材是一项十分艰巨的任务，本套教材难免存在一些疏忽与缺失，希望广大读者批评指正，以期在教材修订再版时予以补充、完善。希望这套教材能够满足"十四五"时期旅游职业教育发展的新要求，让我们一起为现代旅游职业教育的新发展而共同努力吧！

总主编

2021 年 7 月

前言 Preface

"十四五"时期是湖北省文化和旅游发展的重要战略机遇期,文化赋能之后,旅游业形成了新的发展格局,这对旅游服务也提出了更高的要求,尤其是对在旅游业一线工作的导游人员而言。《"十四五"文化和旅游发展规划》中明确指出,要加强导游专业素养、职业形象、服务品牌建设。导游人员作为中华文明的实践者和传播者,对提高人民群众的文明素养和审美水平有着至关重要的作用。

导游资格考试作为全国统一的准入类职业资格考试,是为国家和社会选拔合格导游人才的有效途径。本书是专门针对全国导游资格考试湖北地区面试的辅导书,旨在帮助广大学生有效备考,更加顺利地通过导游资格考试,从而提高湖北省导游人员队伍的素质,为旅游者提供良好的导游服务,进一步提高湖北省旅游业的产业形象。

本书对全国导游资格考试湖北地区面试的要点及流程进行了详细解析,全面介绍了面试涉及的12个旅游景点,并结合考试要求提供了各个景点的参考导游词。特别值得一提的是,为了让学生足不出户就能对景点有直观的认知,主编用脚步丈量了这12个旅游景点,用摄像机记录下每一处自然风光与人文景观,特别邀请湖北省多名金牌导游对各个景点逐一进行现场导游讲解示范,并用心制作成精美的视频供学生观看、学习。此外,本书还加入了面试的模拟视频,让广大学生能全面了解面试的各个环节,增强考试信心。

本书由朱德勇、张慧主编,共有三个项目。项目一现场导游考试的认知,由朱德勇编写;项目二湖北省 12 个旅游景点的认知及讲解范例,由张慧、陈靓玉、周媛、王家昕、张秋勇、陆媛、印杨共同编写;项目三现场导游考试答题环节的认知,由石洁编写。本书最大的特色是融入了全国导游资格考试湖北地区面试涉及的 12 个旅游景点的实地导游讲解视频,也是目前市面上针对湖北地区面试的、唯一融入了面试考核过程模拟视频的参考书。同时,本书对现场考试答题环节中涉及的导游服务规范、导游应变能力和综合知识问答的相关知识点进行了梳理、归纳,让学生剥茧抽丝,高效备考。本书既适用于各类院校旅游类专业教学,又可用于社会考生备考,同时,也可作为旅游企业导游人员的培训教材。

书中包含的景区实地讲解视频主要来自湖北省金牌导游、高级导游、资深旅游专业老师,包括胡璟、蔡文静、王家昕、陈靓玉、罗幼峰、龚礼娴、张秋勇、胡胜男、陆媛、高伟、魏鹏、张泽东等,他们冒着严寒酷暑,在荆楚大地的代表性景点录制了一段段精彩绝伦的讲解。视频的拍摄和制作由江苏非凡智旅信息技术有限公司完成,感谢该公司王海荣、王硕、陈祖超、张旭等人提供的技术支持。对于以上各位的辛苦付出在此一并表示衷心的感谢!

由于编写时间仓促、编写水平有限,本书难免存在不足之处,敬请各位专家、学者及广大读者不吝批评指正。

朱德勇　张　慧
2021 年 11 月 8 日

目录 Contents

项目一　现场导游考试的认知	1
任务一　现场导游考试考查内容的认知	2
任务二　现场导游考试流程的认知	3
任务三　现场导游考试评分标准的认知	5
任务四　现场导游考试讲解技巧的认知	8
项目二　湖北省12个旅游景点的认知及讲解范例	12
任务一　黄鹤楼	13
任务二　东湖	30
任务三　长江三峡	44
任务四　三峡大坝	57
任务五　古隆中	70
任务六　炎帝神农故里	83
任务七　明显陵	104
任务八　三国赤壁古战场	122
任务九　大别山	136
任务十　武当山	147
任务十一　神农架	161
任务十二　恩施大峡谷	176
项目三　现场导游考试答题环节的认知	188
任务一　现场答题环节的流程与技巧	189
任务二　导游规范问答	191
任务三　应变能力问答	199
任务四　综合知识问答	210
主要参考文献	217

项目一
现场导游考试的认知

项目描述

本项目详细介绍了全国导游资格考试湖北省现场导游考试的内容、流程、评分标准及讲解技巧。

职业知识目标:通过本项目的学习,了解湖北省现场导游考试的内容,掌握考查评分标准、讲解技巧。

职业能力目标:能够对现场导游考试考查内容有清晰的认识,能够清楚如何准备现场导游考试。

职业思政目标:通过对湖北省现场导游考试的内容、流程、评分标准及讲解技巧等的学习,认知导游职业对人才的需求,对应变能力、规范服务能力、时事政治的考查要求。

项目目标

全国导游资格考试是为国家和社会选拔合格导游人才的全国统一考试。考试的目标是以公平、公正的考试方式和方法,检验应试人员是否具有从事导游职业的基本知识、素养和技能。《中华人民共和国旅游法》规定:参加全国导游资格考试成绩合格,与旅行社订立劳动合同或者在相关旅游行业组织注册的人员,可以申请取得导游证。

目前,导游资格考试分笔试(上机)和面试(现场)两部分,面试由省级考试单位组织。湖北省目前采用的面试形式是现场模拟导游讲解形式。本项目旨在让考生对湖北省现场导游考试的内容、流程、评分标准及讲解技巧有清晰的认识。

同步案例 导游资格考试成绩能修改吗？

近期，很多考生收到了"可以修改导游资格考试成绩"的垃圾短信、QQ广告信息等，而且在导游资格考试成绩查询之日，这种情况愈加严重，大家一定要把这条防骗信息转发给身边有需要的人！

导游资格考试结果以笔试成绩、面试成绩和总成绩均满足划线要求为合格。加试考生的考试结果以现场考试（面试）成绩满足划线要求为合格。考生的考试成绩当年有效。

改分骗局一般都是声称能通过黑客手段或者内部渠道，直接修改导游考试成绩，让考生支付修改成绩的费用。

提醒大家：

任何通过其他网站、邮件、聊天工具、手机短信、电话等方式散布的"考试未过，可内部操作""包过"等信息，声称可以修改考试成绩的全部为诈骗信息，望广大考生警惕上当受骗！

（资料来源：导游小圈微信公众号。）

分析：

导游资格考试的笔试（上机）成绩和面试（现场）成绩都不能随意修改，考生切不可轻信谣言而上当受骗。

任务一　现场导游考试考查内容的认知

任务描述

本任务对湖北省现场导游考试考查内容进行了较为全面的介绍，包括湖北省现场导游考试介绍、中文类考生现场考试内容、外语类考生现场考试内容等。

任务目标

熟悉湖北省现场导游考试的内容,了解湖北省现场导游考试中文类考生和外语类考生的现场考试内容有什么不同,通过本任务的学习能够对湖北省现场导游考试内容有清晰的认识。

知识活页:笔试没有通过,能否参加面试

湖北省现场导游考试内容的认知如下。

现场考试(面试)按《全国导游人员资格考试现场考试工作标准(试行)》有关规定执行,满分100分。

中文考生分为景点讲解及知识问答两部分,并以抽签形式决定应考景点及相关知识问答。抽签景点共12个:长江三峡、神农架、武当山、黄鹤楼、大别山、东湖、三峡大坝、古隆中、明显陵、三国赤壁古战场、炎帝神农故里、恩施大峡谷。相关知识问答包含3道题目,分别考查导游规范、应变能力和综合知识。

同步测试:中文类考试内容有哪些

外语类考生须用所报考语种进行考试,分为景点讲解及知识问答,并测试口译(中译外和外译中)。抽签景点共5个:长江三峡、神农架、武当山、黄鹤楼、大别山。

任务二 现场导游考试流程的认知

任务描述

本任务对湖北省现场导游考试的流程进行了较为全面的介绍,包括湖北省现场导游考试中文类考试流程、外语类考试流程等。

任务目标

熟悉湖北省现场导游考试的流程,了解湖北省现场导游考试中文类考生

和外语类考生的现场考试流程有什么不同,通过本任务的学习从而对湖北省现场导游考试流程有清晰的认识。

一、湖北省现场导游考试流程的认知

现场考试(面试)按《全国导游人员资格考试现场考试工作标准(试行)》有关规定执行,满分100分。

中文类考生分为景点讲解及知识问答两部分,并以抽签形式决定应考景点及相关知识问答。

外语类考生须用所报考语种的语言应试,分为景点讲解及知识问答,并进行口译(中译外和外译中)测试。

湖北省现场导游考试流程介绍如下。

(一)候考

考生根据准考证上的现场考试时间安排,提前到达指定候考室候考。在候考室内做候考准备,可以背诵导游词,识记相关问答题等。需要注意的是,考生要听从候考室工作人员的引导安排,遵守候考室秩序。

候考过程中,按工作人员安排抽取应考景点,并按工作人员分配到达相关考场外等候考试。需要注意的是抽选景点确定后,是不可以更换的。

(二)景点讲解

考生敲门,获得允许后,进入考场,将准考证、身份证、考试评分表交给面试考官,做好景点讲解准备,准备好后,可以说:"考官好,我已经准备好了,可以开始我的景点讲解了。"之后考官会开始计时,考生开始景点讲解。考生讲到11分钟时,考官会举牌示意,还剩1分钟。12分钟时会示意停止讲解。考生需要注意的是面试讲解时间的要求是10—12分钟。每少1分钟或超过1分钟,要扣3分。

(三)知识问答

考生讲解完成后,考官会示意考生抽签答题,知识问答有3道题,考官会念题目,然后考生现场回答问题,题目主要考核考生的导游规范、应变能力、综合知识。3道题目答完后,中文类考生的现场导游考试结束。

(四)外语类考生考试流程注意事项

外语类考生考试流程和中文类考生考试流程大体一致,区别在于外语类考生要求全程用所报考的语种和考官交流,并参加考试。此外,外语类考生多一个口译考试环节。

二、湖北省现场导游考试流程的视频

根据湖北省导游资格证考试现场导游考试流程,编者制作了模拟考试视频供考生们参考。具体以省级考试单位的相关通知为准。

任务三　现场导游考试评分标准的认知

任务描述

本任务对湖北省现场导游考试评分标准进行了较为全面的介绍,包括湖北省现场导游考试中文类评分标准、外语类评分标准等。

任务目标

熟悉湖北省现场导游考试评分标准,了解湖北省现场导游考试中文类考生和外语类考生的现场考试评分标准有什么不同,通过本任务的学习,对湖北省现场导游考试评分标准产生清晰的认识。

一、湖北省现场导游考试中文类评分标准介绍

中文类考生现场考试评分标准如下:

礼貌和仪态(5%)、语言表达(15%)、景点讲解(50%)、导游规范(10%)、应变能力(10%)、综合能力(10%)。(此标准仅为参考,具体以每年省级考试单位的考试通知为准。)

(一)语言与仪态

1. 语言

主要考查考生的语言能力,包括普通话的标准程度,语言表达的准确性、流畅性、逻辑性、生动性、感染力、说服力,以及表情和身体语言的运用等。

2. 仪态

主要考查考生的仪表仪容和对礼节礼仪的运用,包括穿着打扮得体、整洁;言行举止大方,符合考生礼仪礼貌规范。

(二)景点讲解

1. 讲解时间

考生景点讲解时间为10—12分钟,到第11分钟时,主考官会举牌示意"最后1分钟",至第12分钟必须结束讲解;不足10分钟或超过12分钟者,考官在评语中注明,每少1分钟或多1分钟扣3分。

2. 讲解对象

中文类考生现场导游考试景点讲解环节采用电子抽签产生,对象为12个景点:长江三峡、神农架、武当山、黄鹤楼、大别山、东湖、三峡大坝、古隆中、明显陵、三国赤壁古战场、炎帝神农故里、恩施大峡谷。

3. 讲解内容

主要考查考生景点讲解的正确性、全面性、条理性,对景点知识的把握、讲解方法的运用和对景点所提问题回答的正确性。

(三)导游规范

通过考生现场模拟规范化服务的表现及导游规范题知识问答,考查考生对导游服务规范及工作程序的掌握和应用。

(四)应变能力

通过考生临场发挥的状态及导游应变题知识问答,考查考生在有压力的情况下,能否思维敏捷,情绪稳定,周到考虑问题,以及处理突发事件和特殊问题的能力。

(五)综合知识

通过知识问答的方式,考查考生对湖北省旅游业发展现状和1年内中国及湖北省旅游发展大事件的了解。

二、湖北省现场导游考试外语类评分标准介绍

外语类考生现场考试评分标准如下:

礼貌和仪态(5%)、语言表达(25%)、景点讲解(30%)、导游规范(10%)、应变能力

(5%)、综合能力(5%)、口译(20%,包括中译外、外译中)。外语类考生须用所报考语种的语言全程进行现场导游考试。(此标准仅为参考,具体以每年省级考试单位的考试通知为准。)

(一)语言与仪态

1. 语言

考查考生的语言能力,包括所用语种发音准确、清晰、流畅;语法正确;用词准确、恰当;内容有条理,富逻辑性;表情及其他身体语言运用得当;能充分理解他人意思。

2. 仪态

主要考查考生的仪表仪容和对礼节礼仪的运用,包括穿着打扮得体、整洁;言行举止大方,符合考生礼仪礼貌规范。

(二)景点讲解

1. 讲解对象

外语类考生现场导游考试景点讲解环节采用电子抽签产生,对象为5个景点:长江三峡、神农架、武当山、黄鹤楼、大别山。

2. 讲解内容

主要考查考生景点讲解的正确性、全面性、条理性,对景点知识的把握、对讲解方法的运用和对景点所提问题回答的正确性。

(三)导游规范

通过考生现场模拟规范化服务的表现及导游规范题知识问答,考查考生对导游服务规范及工作程序的掌握和应用。

(四)应变能力

通过考生临场发挥的状态及导游应变题知识问答,考查考生在有压力的情况下,能否思维敏捷,情绪稳定,周到考虑问题,以及处理突发事件和特殊问题的能力。

(五)综合知识

通过知识问答的方式,考查考生对湖北省旅游业发展现状和1年内中国及湖北省旅游发展大事件的了解。

(六)口译

外语类考生现场抽取"口译"试题卡,听考官对题卡内容朗读后进行口译。每位考生"中译外"和"外译中"的试题各不少于1道。以能全面、准确、通顺地转述原内容,语法正确,无错译、漏译为标准,考查外语类考生在中文和外语之间口头互译的能力。

任务四　现场导游考试讲解技巧的认知

任务描述

本任务对湖北省现场导游考试讲解技巧进行了介绍。

任务目标

熟悉湖北省现场导游考试讲解技巧，主要了解现场导游考试导游词包含的欢迎词、欢送词和景点讲解词的创作和讲解技巧。

同步案例　　幽默式欢迎词

各位早上好！我叫×××，是××旅行社的导游员，十分荣幸能为各位服务！各位大多是医生吧？医生是人间美好的职业，我一出生就对医生有种特别的感情——因为我是难产儿，多亏医生我才得以"死里逃生"（游客笑）。长大以后，我虽然没有考上医学院，但医院每年都要去好几次。我这人特别容易感冒，医生当不了，当病人却十分合格，真是没有办法（游客笑）……我们这次在岳阳的旅游行程非常充实，如果有时间，我还想请大家观看一个"特别节目"，就是看看我为什么容易感冒（游客大笑）。谢谢！

（资料来源：《导游语言技巧》，陈波、朱德勇主编。）

分析：

虽然此欢迎词幽默风趣、引人发笑，但是欢迎词是有格式要求的，具体应包含哪些内容呢？

一、欢迎词的创作与讲解技巧

现场导游考试的讲解内容要符合导游规范,首先要致欢迎词,然后是概况介绍,讲解游览景点,最后致欢送词。欢迎词需要包含以下内容:表示欢迎,自我介绍,介绍工作伙伴,表达服务意愿,祝福。

(一)表示欢迎

在欢迎词的开头部分,首先应对游客的光临表示欢迎。

在欢迎游客时要注意对游客的称呼。一般来说,"各位朋友(团友)"是国内游客们比较乐于接受的称呼,而来自欧美和东南亚地区的游客普遍比较喜欢导游员称呼他们为"女士们、先生们",对于来自东亚地区的游客则可以用"先生们、小姐们"的称呼。

(二)自我介绍

自我介绍是让游客对导游员有个基本认识和印象的过程,在模拟导游讲解中,内容不宜过多。一般介绍姓名和工作单位就可以了。

(三)介绍工作伙伴

在导游资格证考试的模拟导游讲解中,一般默认由地接导游进行导游讲解,所以介绍工作伙伴时一般只介绍司机。

(四)表达服务意愿

导游员在欢迎词中要向游客表明自己的工作态度,也就是表达服务意愿。这也是欢迎词的一个重要内容,能够让游客感受到导游员的热情。表达服务意愿主要包括三个内容:非常乐意为游客导游、保证努力工作和希望游客能够配合。

(五)祝福

在欢迎词的最后,导游员应该预祝游客们此次旅游顺利、愉快。

知识活页:
导游员
自我介绍
的方法

二、欢送词的创作与讲解技巧

导游资格证考试面试讲解的最后环节是致欢送词。欢送词一般包含五个部分。

(一)回顾整个旅游活动

由于旅游活动时间相对比较短暂,旅游活动项目安排得比较密集,虽然游客在游览完一个旅游景点时会津津乐道,但是过了一段时间可能就会逐渐淡忘,因此,在欢送词中,导游员应该对整个旅游活动作一个回顾,帮助游客回忆,加深已经开始淡忘的印象。

(二)传递友谊

致欢送词是导游员向游客传递友谊和表达惜别之情的绝佳时机。导游员在致欢送词时,可以引用一些格言、民间谚语来渲染气氛,唤起游客的情感共鸣,表达惜别之情。

(三) 总结导游工作和其他旅游服务

在欢送词中,导游员应对自己的导游工作做总结,诚恳地希望游客提出意见和建议,以便今后更好地提供导游服务。如果工作中有做得不足的地方,也可以请游客谅解。

(四) 期待重逢

在欢送词中,导游员还要表达出期待与游客重逢的心情。只要导游员在旅游过程中与游客相处得十分融洽,这一项内容是很容易让游客产生同感的。

(五) 美好的祝福

出于礼貌,在欢送词的最后,导游员通常会向游客致以美好的祝愿。

三、景点讲解词的创作与讲解技巧

景点讲解词是讲解的核心内容,在导游词的创作中,需要用到一些方式、方法,使导游词符合逻辑结构,同时语言表达流畅,能够引人入胜。

下面介绍几种常用的景点讲解词的写作技巧。

(一) 分段写作法

所谓分段写作法,就是将一处大景点分为前后衔接的若干部分来分段写作。首先用概述法介绍景点(包括历史沿革、占地面积、欣赏价值等),并介绍主要景观的名称,使游客对即将游览的景点有个初步印象,达到"见树先见林"的效果,使游客产生"一睹为快"的需要。然后按照现场顺次游览,逐步分段写作。在写作某一景区的景物时应注意不要过多涉及下一景区的景物,但要在快结束时适当地介绍下一个景区,目的是引起游客对下一景区的兴趣,并使导游讲解一环扣一环,让讲解内容扣人心弦。

(二) 突出重点法

所谓突出重点法,就是在进行导游词创作的时候,避免面面俱到,而应选择某一方面进行重点写作阐述。一处景点,要写作的内容很多,我们必须根据不同的时空条件和对象区别对待,有的放矢地做到轻重搭配、重点突出、详略得当、疏密有致。景点导游词写作时一般要突出的重点主要为以下几个方面的内容。

1. 最具代表性的景观

当游览景点规模比较大时,我们就需要确定重点景观。这些景观既要有自己的特征,又要具有代表性,导游员可以主要讲解这些具有代表性的景观。例如,去天坛公园游览时,游客主要是参观祈年殿和圜丘坛,讲解内容主要也是这两座建筑。如果讲解好了这两座建筑,加上绘声绘色地介绍当年皇帝在圜丘坛祭天的仪式和场面,不仅能让游客了解天坛的全貌(历史、面积、用途等),还能使他们欣赏到举世无双的中国古代建筑艺术。

2. 与众不同的特征

每一个景区景点都有自身的特点,这也是游客愿意前往游览的原因。比如宗教建筑,不同宗教的建筑风格不同,同一宗教不同地区的建筑风格也不尽相同。因此,我们在景点导游词的创作过程中,就要突出其与众不同的特征。

3. 游客感兴趣的内容

在景点导游词写作的时候,如果只是简单地对景点进行描述,那么在导游讲解的时候就不能起到很好的效果。景点导游词的写作,要根据游客的兴趣爱好,进行创作。例如,当景点为故宫时,旅游团的游客是建筑界人士,我们的景点导游词写作除一般性介绍故宫的概况外,还要突出中国古代宫殿建筑的布局、特征,以及故宫的主要建筑及其建筑艺术,另外还应介绍重点建筑物和装饰物的象征意义等。如果能将中国的宫殿建筑与民间建筑进行比较,将中国宫殿与西方宫殿的建筑风格进行比较,景点导游词的写作层次就大大提高,就更能吸引人。

(三) 虚实结合法

所谓"实",就是指在旅游现场所看到的景观实物、实景;所谓"虚",是指与景观有关的民间传说、神话故事、趣闻逸事等,一般都无据可查。虚实结合,就是要求景点导游词的写作应将景物与相关的典故、传说结合起来,用编织情节的方式进行写作。需要注意的是,在运用虚实结合法的时候,对虚的部分也要认真了解,做到取其精华,去其糟粕。

(四) 同类比较法

在景点导游词写作的时候,为了更好地创作景点导游词,我们会运用同类比较法。比较法有对比和类比两种方式,在导游讲解中常用类比。类比,顾名思义就是同类之间进行比较,就是以熟喻生,达到触类旁通的目的。景点导游词的写作就是用游客熟悉的事物与景点进行比较,便于他们理解,使他们感到亲切,从而达到事半功倍的导游讲解效果。

要正确、熟悉地使用类比法,就要求导游员掌握丰富的知识,熟悉客源国,对相比较的事物有较深刻的了解;而且,面对来自不同国家和地区的游客,在将他们知道的风物与眼前的景物进行比较时,切忌做胡乱、不相宜的比较。正确运用类比法可提高导游讲解的层次,加强导游讲解的效果;反之,则会惹游客耻笑。

同步测试:
如何创作
导游词

项目二
湖北省 12 个旅游景点的认知及讲解范例

项目描述

本项目详细介绍了全国导游资格考试湖北省面试考查的 12 个旅游景点,对各景点的有关内容、讲解思路进行了解析,并整理出与景点相对应的 12 篇导游词,以及各景点模拟导游讲解的视频。

职业知识目标:通过本项目的学习,了解湖北省 12 个旅游景点的相关知识,包括地理位置、名称来历、游览线路、景区特色、文化传说等内容。

职业能力目标:通过对 12 个景点的认知和学习,能够对景点进行导游讲解,会主动收集与景点相关的背景知识,从而提高导游讲解的知识性和文化品位。

职业思政目标:通过对湖北省自然及文化旅游资源的认知,领略荆楚大地的壮美河山、源远流长的历史文化,感悟"敢为人先、追求卓越"的人文精神,从而进一步增强爱国主义意识。

项目目标

湖北,因位于洞庭湖以北而得名。这里旅游资源丰富,文化底蕴深厚,以黄鹤楼、东湖、武当山、神农架、恩施大峡谷为代表的旅游景区,吸引着无数海内外游客纷至沓来,前来领略荆楚大地的壮美河山和瑰丽绚烂的楚地文化。

在本项目的学习中,考生通过对湖北省 12 个旅游景点的认知,掌握导游讲解的基本思路,并通过学习导游词和参考讲解视频,能自己收集整理资料、撰写导游词,同时对这 12 个景点进行模拟导游讲解。

湖北省人文地图

了解地域文化特色是讲解旅游景点的知识基础，只有掌握了景点背后的历史文化知识，才能将景点讲解得更生动、更具内涵。因此，我们在收集景点资料、撰写导游词的同时，要注意了解相关背景知识，从而拓宽知识面，丰富导游讲解内容。

知识活页：
湖北为什么被称为荆楚

任务一　黄　鹤　楼

任务描述

本任务对黄鹤楼景区进行了较为全面的介绍，包括地理位置、历史沿革、名称由来、主要景点等，详细介绍了黄鹤楼主楼的各个楼层，并解析了游览黄鹤楼主楼的常规线路和讲解思路，提供了参考导游词和导游讲解的视频资料。

任务目标

掌握黄鹤楼主楼各楼层的相关内容,了解景区的基本概况,熟悉景区的历史文化背景知识,理解黄鹤楼主楼的讲解思路,通过本任务的学习能进行黄鹤楼的模拟导游讲解。

黄鹤楼

一、黄鹤楼景区认知

(一)黄鹤楼景区概况

1. 地理位置

黄鹤楼位于湖北省武汉市长江边的蛇山上。蛇山又称黄鹄山、黄鹤山,东起大东门,西至武汉长江大桥桥头堡,北临京广线,南靠武路路和武汉长江大桥引桥。龟蛇两山隔江相对,武汉长江大桥一桥飞架南北。蛇山历史悠久,自东吴建武昌城以来一直是政治经济活动的繁盛区域,蛇山见证了中华文化千年的发展及诸多朝代的兴衰更迭,特别是近现代以来的洋务运动、辛亥革命、抗日战争和新中国的诞生,近现代的历史遗迹遗存遍布其上。

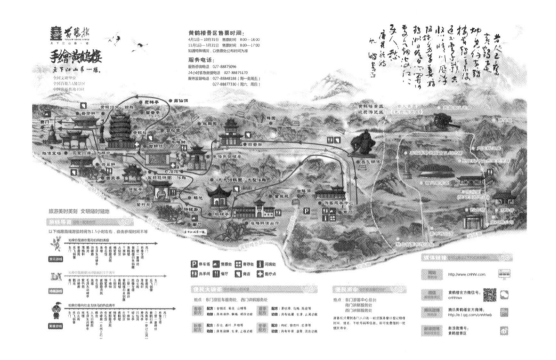

黄鹤楼景区导览图

2. 历史沿革

黄鹤楼始建于三国时期吴黄武二年(公元223年),传说是为了军事目的而建,孙权为实现"以武治国而昌"("武昌"的名称来源于此),筑城为守,建楼以瞭望。此时的黄鹤楼只是夏口城一角瞭望守戍的"军事楼"。晋灭东吴以后,三国归于一统,该楼在失去其军事价值的同时,逐步演变成观赏楼。至唐永泰元年(公元765年),黄鹤楼已初具规模,使不少官商行旅者"游必于是,宴必于是"。然而兵火频繁,黄鹤楼屡建屡毁。仅明清两代,就被毁7次,重建和维修了10次,因此有"国运昌则楼运盛"之说。最后一座清代黄鹤楼建于同治七年(公元1868年),于光绪十年(公元1884年)毁于一场大火,此后近百年未曾重建。1981年10月,黄鹤楼重建工程破土开工,1985年6月落成,黄鹤楼又屹立在长江之滨。

3. 名称由来

关于黄鹤楼的得名,有"因山"和"因仙"两种说法。

"因仙"之说又分为两种。一种说法是曾有仙人驾鹤经此,遂得此名。另一种说法是曾有道士在此地辛氏酒家的墙上画了一只会跳舞的黄鹤,店家生意因此颇为兴隆。十年后道士故地重游,用笛声招下黄鹤,乘鹤飞去,辛氏遂出资建楼。这些神话传说很有趣,也很动人,但都不是黄鹤楼楼名真正的由来。

历代的考证都认为,黄鹤楼是因为它建在黄鹄山上而得名。古代的"鹄"与"鹤"二字一声之转,互为通用,故名为"黄鹤楼"。

同步案例 黄鹤楼因仙得名的传说故事

"因山得名"的说法为黄鹤楼得名奠定了地理学基石,而"因仙得名"的说法则给赏楼者插上了想象的翅膀,满足了人们的求美情趣和精神需求。让我们一起来看看这个关于黄鹤楼"因仙得名"的传说故事。

从前有位姓辛的人以卖酒为生。有一天,来了一位衣衫褴褛的客人,神色从容地问辛氏:"可以给我一杯酒喝吗?"辛氏没有因对方衣衫褴褛而有所怠慢,急忙盛了一大杯酒奉上。如此过了半年,辛氏并不因为这位客人付不出酒钱而显露厌倦的神色,依然每天请这位客人喝酒。有一天客人告诉辛氏说:"我欠了你很多酒钱,没有办法还你。"于是从篮子里拿出橘子皮,在墙上画了一只鹤,因为橘子皮是黄色的,所画的鹤也呈黄色。店内的客人只要拍手歌唱,墙上的黄鹤便会随着歌声,合着节拍,翩翩起舞,人们看到这种奇妙的景象纷纷付钱观赏。

如此过了十年多,辛氏累积了很多财富。有一天那位衣衫褴褛的客人又忽然来到店里,辛氏上前致谢说,我愿意供养您,满足您的一切需求。客人笑着回答说:"我哪里是为了这个而来呢?"随后他便取出笛子吹了几首曲子,没多久,只见朵朵白云自空而下,画上的黄鹤随着白云飞到他面前,他便跨上鹤背,乘着白云飞上天去了。辛氏为了感谢及纪念这位客人,便用多年赚得的银两在黄鹄山上修建了一座楼阁。起初人们称之为"辛氏楼",后来便称为"黄鹤楼"。

(资料来源:http://www.cnhhl.com/index.php/list-85.html.)

分析:

这个故事何以流传千年?其背后蕴含着什么道理?值得我们思考。故事的主人翁辛氏面对衣衫褴褛的讨酒客人,慷慨施舍,不图回报,表现了一种"与人为善"的美德。在中华民族数千年的历史中,"行善积德"作为做人应遵循的传统美德一直延续至今,而这个故事正是传颂着人们对"善"的向往和肯定。

(二)黄鹤楼主楼介绍

巍峨耸立于蛇山之上的黄鹤楼,享有"天下绝景"的盛誉,与湖南岳阳楼、江西滕王阁并称为"江南三大名楼"。现代黄鹤楼以清同治楼为蓝本,但更高大雄伟。运用现代建筑技术施工,为钢筋混凝土框架仿木结构。飞檐五层,攒尖楼顶,金色琉璃瓦屋面,通高51.4米,底层边宽30米,顶层边宽18米,全楼各层布置有大型壁画、楹联、文物等。

黄鹤楼的平面设计为四边套八边形,谓之"四面八方"。这些数字透露出古建筑文化中数目的象征和伦理表意功能。从楼的纵向看各层排檐与楼名直接有关,形如黄鹤,展翅欲飞。整座楼呈现出雄浑之中又不失精巧,富有变化的韵味和美感。

各楼层具体陈列如下:

一楼大厅的正面墙壁上是一幅高9米,宽6米的大型彩色瓷嵌壁画——《白云黄鹤图》,它由756块彩色陶瓷板镶嵌而成。壁画取材于《驾鹤登仙》的神话,再现了黄鹤楼"因仙得名"的传说故事。一楼大厅十分宽敞,正中藻井高达10余米,两旁立柱上悬挂着长达7米的楹联:爽气西来云雾扫开天地撼,大江东去波涛洗净古今愁。楹联出自清同治年间的官员符秉忠,他曾参与黄鹤楼的重建,后由我国著名书画家吴作人先生书写。

一楼大厅《白云黄鹤图》

二楼大厅正面墙上是用大理石镌刻的唐代阎伯理撰写的《黄鹤楼记》,记述了黄鹤楼兴废沿革和名人轶事。楼记两侧为两幅壁画,一幅是"孙权筑城",形象地描绘了黄鹤楼和武昌城相继诞生的历史;另一幅是"周瑜设宴",描绘了三国名人在黄鹤楼的活动。大厅还陈列着宋代和清代两座黄鹤楼的模型。

三楼大厅内有一组名为"人文荟萃"的陶瓷画,由三幅画连成,为历代名人的画像,

宋代黄鹤楼模型

清代黄鹤楼模型

如崔颢、李白、白居易、陆游、岳飞等,再现了文人墨客来黄鹤楼吟诗作赋的情景,同时在画像一侧摘录了他们吟咏黄鹤楼的名句。

《人文荟萃》壁画

四楼大厅以仿古雕花格扇和红木屏风相间隔,内置当代名人字画,部分对游客开放。

五楼为顶层,大厅四周是大型壁画《江天浩瀚》,由中央美术学院著名壁画家楼家本先生精心创作绘制而成,整组壁画约100平方米,是全楼规模最大的壁画,共10幅。正面墙上3幅分别以《流逝》《浪淘沙》《华年》表现长江文化以及黄鹤楼的兴替过程。另绕大厅一周的7幅壁画统称为《长江源流》,分别是《江河源头》《上游浪泻》《三峡至美》《黄庐仙幻》《洞太烟波》《东流沧海》《大洋黄鹤》,展现了长江九曲回肠的巍峨壮丽,既气势恢宏,又富有灵气,大自然的壮丽在眼前徐徐铺展开来。壁画运用中国传统金碧重彩的壁画形式,使用天然矿植物颜料,采用沥粉贴金、泥金的绘画手法,特别是大面积泥金作画的表现形式在古今中外都很少见,这使《江天浩瀚》在长江文明的主题上达到了极致的视觉体验。

《江天浩瀚》壁画

(三)黄鹤楼景区其他景点介绍

除黄鹤楼主楼外,公园还有岳飞铜雕、白云阁、鹅池、胜像宝塔、牌坊、轩廊等一批辅助建筑,将主楼烘托得更加壮丽,同时也彰显着黄鹤楼蕴藏的历史文化,丰富了海内外游客的游览内容。

1. 岳飞铜雕和岳飞亭

1)岳飞铜雕

岳飞铜雕位于黄鹤楼公园东区,雕像展现了岳飞扶鞍勒马、不忍举首北望破碎山河的忧愤神态。岳飞身旁的战马仿佛在嘶啸着,四蹄意欲腾起,冲向敌阵。整座铜雕像净高6.3米,重16吨,雕像耗铜14余吨。铜雕背后有一座长达25.6米的青石浮雕,再现了岳家军驰骋征战、大败金兀术的场面。浮雕上镌刻有岳飞《满江红·登黄鹤楼有感》手迹。铜雕旁边矗立一方岳飞手迹"还我河山"石刻。

岳飞铜雕

2) 岳武穆遗像亭(岳飞亭)

岳武穆遗像亭简称岳飞亭,位于公园东区岳飞铜雕前,蛇山中部的山脊上。南宋抗金名将岳飞曾在黄鹤楼下的鄂州(今武昌)屯兵镇守达7年之久。他3次北伐抗击金军都以鄂州作为基地。其所作《满江红·登黄鹤楼有感》一词即出自这一时期。绍兴十一年(公元1141年),秦桧以莫须有的罪名将岳飞陷害致死。宋孝宗时岳飞得以平反昭雪,孝宗下令恢复其官职,追谥"武穆",以礼改葬。当岳飞之子岳霖到鄂州时,鄂州军民哭泣而迎,以表达对岳飞的深切怀念。乾道六年(公元1170年),鄂州民众在当地立忠烈庙以祭奠岳飞。嘉泰四年(公元1204年)岳飞被追封为鄂王,忠烈庙改名为鄂王庙(俗称岳庙),庙旁移植有岳飞生前栽种的松柏,被称为岳柏、岳松。元代,鄂王庙被拆毁。明正德十四年(公元1519年)重建岳王庙(亦称精武庙)于今武昌大东门外。明万历八年(公元1580年)置祠于宾阳门内。清同治初年,岳王庙及岳松、岳柏均被毁。

1937年卢沟桥事变后,中华民族处于生死存亡的关键时刻,岳飞成为激励人民抗击日本侵略者的爱国楷模。武汉抗日群众团体在清理倾圮的岳王庙时,从瓦砾中发现一尊明万历十年(公元1582年)镌刻的有岳武穆遗像和云南太和(今大理)人张翼先所撰四言像赞诗的青石碑,于是众人推举辛亥首义同志会的胡赟负责筹措资金,在现址东8米处建岳武穆遗像亭,置碑于亭中,亭以碑得名。

2. 鹅池和鹅碑亭

1) 鹅池

鹅池位于公园南区,与白龙池紧紧相连,是南区景观的中心。世传书圣王羲之曾

项目二　湖北省 12 个旅游景点的认知及讲解范例

岳武穆遗像亭

在黄鹤楼下放过鹅。一日,他与一书生聊天论鹅,言鹅是"禽中豪杰,白如雪,洁如玉,一尘不染"。他越说越兴奋,情不自禁地在地上写出一个鹅字。书生爱之,遂临摹藏之。为纪念这一佳话,后人立碑建池。还有一说,系王羲之辟池养鹅,并观其神态,从而练成一笔而就的鹅字,因此称该池为天鹅池。

鹅池

1986 年,人们根据这些传说修建了现在的鹅池。在形似弯月的水面上建一石桥,将池分为两部分,水面较大的南部为鹅池,水面较小的北部为白龙池。鹅池水面面积约 600 平方米,池中植睡莲、王莲,还置有两座由太湖石构成的假山,水中锦鲤漫游,几只白鹅"曲项向天歌",构成一幅美丽的自然山水画。

2）鹅碑亭

清代，武昌蛇山上曾有一方一笔写成的"鹅"字的刻石，相传书圣王羲之在黄鹤楼下养过鹅，有次他与某书生聊天论鹅时情不自禁地写下此字，人们纷纷临摹。其实，此字为清代的门镇国所写。1986年，公园将依旧拓本重新刻制的鹅字碑立于形如弯月的鹅池东端。在碑的北侧建一石拱桥，以示与白龙池隔开，并以碑作亭壁，建六角亭，亭以碑名。

鹅碑亭坐东朝西，面对鹅池，高6米，木石结构，呈六角型，单檐翘角，粉墙黑瓦，古朴典雅。亭壁青石上所刻的"鹅"字高2.5米，宽1.25米。亭的左右两侧各有一扇高2.5米的通门，成贯通南北的通道，浑然天成。人在其间，既可欣赏到笔力遒劲、气势磅礴的"鹅"字，又可看到池中的睡莲、如雾的喷泉、嬉戏的白鹅和绕岸的垂柳，颇有江南园林的风韵。

鹅碑亭

3. 搁笔亭和《崔颢题诗图》浮雕

1）搁笔亭

搁笔亭位于公园南区，亭名取自盛唐时期黄鹤楼上发生的"崔颢题诗，李白搁笔"的一段佳话。崔颢，唐玄宗天宝年间任司勋员外郎，他从边地归来游武昌时，在黄鹤楼上写下了七律《黄鹤楼》。据传，不久后，号冠"斗酒诗无敌"的诗仙李白也登上黄鹤楼，被眼前壮观的景色所震撼，诗兴大发正欲题诗，见到壁上崔颢的题诗，遂搁笔，并发出"眼前有景道不得，崔颢题诗在上头"的感叹。

崔颢《黄鹤楼》一诗竟令李白折服搁笔的事情很快广为流传，黄鹤楼的声名传扬得更加远。黄鹤楼又被称为"崔氏楼"，武汉还被喻为"白云黄鹤的地方"，崔颢也因此蜚声诗坛。南宋严羽在《沧浪诗话》中称："唐人七言律诗，当以崔颢《黄鹤楼》为第一。"

搁笔亭

2)《崔颢题诗图》浮雕

《崔颢题诗图》浮雕与搁笔亭相对,是一座石照壁形式的浮雕。它既被称为诗碑,又被称为题诗图。石壁上雕绘着唐代诗人崔颢在云霞缭绕间,长袖飘逸、峨冠博带、潇洒挺拔、运笔赋诗的形象,浮雕的中央刻着他的千古名诗《黄鹤楼》。

《崔颢题诗图》浮雕整体长12米,宽8.2米。1990年6月竣工。由于选用四川越西黑砂石和湖南长沙花岗石,整个雕塑显得古朴典雅、庄重大方。浮雕画面由四川省雕塑艺术学院赵树同设计,画面中七律诗《黄鹤楼》由第四任中国书法家协会主席沈鹏书写。

《崔颢题诗图》浮雕

4. 胜像宝塔

胜像宝塔亦称宝像塔，因其色白，又称白塔或元代白塔，是黄鹤楼故址保存最古老、最完整的建筑。它原位于武昌蛇山西首黄鹤楼故址前，1955年修建武汉长江大桥时，拆迁至蛇山西部、京广铁路跨线桥旁。1984年迁入黄鹤楼公园西大门入口处。

胜像宝塔修建于元代至正三年（公元1343年），为威顺王宽彻普化太子所建，是用于供奉舍利和安藏佛教法物的喇嘛塔。由于它的外形轮廓酷似灯笼，又有三国时诸葛亮在此燃灯为关羽水军导航的传说，曾被误封为"孔明灯"。因该塔分地、水、火、风、空5轮，故也称五轮塔。有时它还被称为大菩提佛塔。

胜像宝塔塔高9.36米，座宽5.68米，采用外石内砖方式砌筑，以石砌为主，内部塔室使用了少量的砖。塔体内收外展，遒健自然；整体造型由基座向上逐渐收缩，尺寸越缩越小，其轮廓线条大体呈三角形，看上去虽然不大，但庄重稳固，具有浓厚的端庄美。塔的外观分为座、瓶、相轮、伞盖、宝顶5部分。宝顶由合金制作。

胜像宝塔

5. "黄鹤归来"铜雕

"黄鹤归来"铜雕位于黄鹤楼以西50米的正面台阶前裸露的岩石之上，由龟、蛇、鹤3种动物组成,龟、蛇正驮着双鹤奋力向上,而两只亭亭玉立的仙鹤则脚踏龟、蛇,俯瞰人间。该铜雕以其深刻的含义和精湛的雕刻工艺受到游客青睐。

"黄鹤归来"铜雕融美丽传说和祝福之意于一体。相传古时大禹治水,感动玉皇大帝,玉皇大帝派龟、蛇二将协助,为镇江患,龟、蛇二将隔江对峙变为两座大山,形成"龟蛇锁大江"之势,从此水患平息,人民安居乐业。两只仙鹤俯瞰人间,非常感动,便脱胎下凡,以昭普天同庆。除传说外,"神龟寿鹤龄延年"被老百姓视为吉祥之兆,蛇亦代表长久或长寿。

铜雕高5.1米,重3.8吨,系纯黄铜铸成。其雕刻工艺极为精巧,仙鹤、神龟、巨蛇既生动形象又抽象写意,鹤的羽毛、脚爪的纹线、龟背的花纹和蛇斑清晰可辨。整体来看,铜雕线条流畅,华丽高贵。1997年,"黄鹤归来"铜雕被制成模型,作为湖北省人民政府迎接香港回归的礼物,赠予香港特别行政区。

"黄鹤归来"铜雕

6. 白云阁

白云阁坐落在蛇山高观山山顶,黄鹤楼以东约274米处。海拔75.5米,阁高41.7米,比黄鹤楼仅低10米。因位处公园中心的制高点,也就成为统率东、南、北区的标志性建筑,是观赏楼(黄鹤楼)、山(蛇山)、江(长江)的极佳地点,也是观赏三镇云彩的绝佳之处。

白云阁曾是南楼的别称。1992年1月竣工的今白云阁外观为塔楼式,屋顶为重檐歇山十字脊屋面。从阁的北边看,其为6层(包括两层地下室);从南边看,其为4层,1层为多功能展览厅,2层至4层供游览观光之用。在体量上,白云阁仅次于黄鹤楼。地面1层与2层衔接处以白色为台基主调,寓意白云阁飘浮在白云之间。

白云阁

7. 主要园林景点

1) 诗碑廊及落梅轩

诗碑廊及落梅轩是以江南园林的形制打造的庭院式园林布局,结合山、水、廊、亭、阁的分层布局,展现黄鹤楼历代文人作品,诗词碑刻,歌舞曲艺的文化区域。

2) 百松园、梅园、杜鹃园

百松园、梅园、杜鹃园三园位于北区,相互连接,有"百松千梅万杜鹃"之称,连接主楼与岳飞广场,是北区自然式园林景观的核心游览地。梅园与落梅轩均出于李白的诗句:"黄鹤楼上吹玉笛,江城五月落梅花。"值得一提的是,武汉市的别名"江城"就是出自这句诗。

3) 紫薇苑

紫薇苑是黄鹤楼公园新建的特色区域。紫薇是黄鹤楼公园的园花,该园以紫薇为造园的核心主题,园内收集了四大类紫薇(紫薇、银薇、翠薇、赤薇)以及其下的不同品种,涵盖了紫薇这种经典园林植物在造园中的各种运用方式。

二、黄鹤楼景区导游讲解思路分析

导游人员在带领游客游览黄鹤楼景区时，通常的游览线路是从景区东门或南门进入，依次游览沿途景点，最后到达主楼。在欣赏完主楼外观后，从一楼开始，登楼逐层参观，最后到达顶层五楼。此时，导游讲解结束，游客可以自行参观拍照，最后在指定位置集合，登车。

根据导游词的基本构成部分，结合导游考试面试的时间要求，本书总结了黄鹤楼导游讲解的基本思路，具体如下。

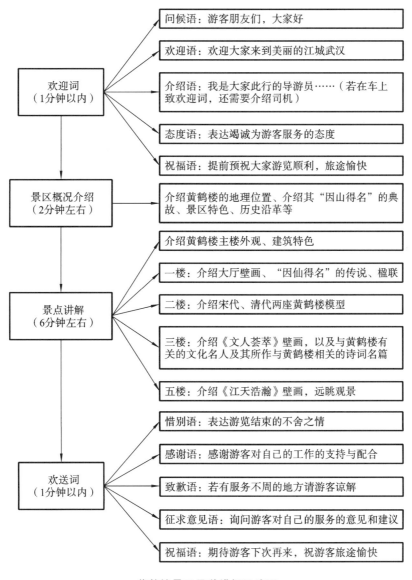

黄鹤楼景区导游讲解思路图

三、黄鹤楼景区参考导游词及讲解范例

黄鹤楼景区导游词

游客朋友们：

大家好！欢迎来到美丽的江城——武汉，我是大家此行的导游员小游，在我身旁的这位是我们此行的司机陈师傅，他的车技相当娴熟，大家尽可放心乘坐。在接下来的旅程中，我们将竭尽全力为大家提供优质的服务。今天我将带领各位走进千年文化名楼——黄鹤楼，一同领略其楚风神韵。预祝大家今天玩得开心、游得尽兴！

黄鹤楼一直享有"天下绝景"的美誉，与湖南的岳阳楼、江西的滕王阁并称为"江南三大名楼"。其历史悠久、楼姿雄伟，被中国历代诗人吟诵赞叹，故而居三大名楼之首，被誉为"天下江山第一楼"。大家都知道，大自然中的鹤有很多种类，如白鹤、灰鹤、黑颈鹤等，但是唯独没有黄鹤。那么，这座楼为什么叫黄鹤楼呢？说起黄鹤楼的楼名，有两种说法，一个是"因山得名"，另一个是"因仙得名"。黄鹤楼建在蛇山上，蛇山由7座山峰组成，黄鹤楼建在其中一座名为黄鹄山的山顶，在古汉语中，"鹄""鹤"二字通用，故又称黄鹤山，黄鹤山上建的楼阁，自然就叫黄鹤楼了。民间有很多关于黄鹤楼的传说，武汉老百姓更喜欢此楼"因仙得名"的传说。这个传说待会儿进黄鹤楼主楼后，我再跟大家细说。

请大家顺着我手指的方向看，前方那座雄伟壮观的楼阁就是黄鹤楼了。黄鹤楼历史悠久，始建于三国时期吴黄武二年，也就是公元223年，距今已有约1800年的历史了。黄鹤楼虽然历史悠久，却历经沧桑，屡建屡毁，历史上最后一座黄鹤楼也叫同治楼，在清光绪十年也就是1884年毁于火灾。我们现在看到的黄鹤楼是以清同治楼为蓝本，于1981年10月破土开工，1985年6月建成开放的。

大家请看，黄鹤楼从外面看共有5层，楼高51.4米，四望如一，每边长35米，72根大柱拔地而起，60个翘角飞檐凌空。楼体为钢筋混凝土框架仿木结构，博采历楼之长，汇北雄南秀之风，既不失黄鹤楼传统的独特造型，又比历代旧楼更加雄伟壮观。金黄色的琉璃瓦古朴富丽，葫芦形宝顶入夜闪闪发光，各层均具有浓厚的诗情画意。下面我们就一起走进主楼去看看吧！

我们现在所在的位置是一楼大厅，大家请看大厅正中的这幅壁画，名为"白云黄鹤图"，取材于"驾鹤登仙"的神话传说，兼取唐诗"昔人已乘黄鹤去"之意。请看，画面上有位仙人驾着黄鹤腾空而起，他口吹玉笛，俯视人间，好像离去又似归来。画面下方绘有清代形制的黄鹤楼，楼前人潮涌动，或把酒吟诗，或载歌载舞，有如送别，又似接风。

大厅两侧的柱子上是我国著名书法家吴作人先生书写的楹联：

爽气西来云雾扫开天地撼，

大江东去波涛洗尽古今愁。

刚才跟大家说到黄鹤楼的楼名还有一种"因仙得名"的说法，说的就是这幅壁画所描述的故事。很久以前，有一个姓辛的人在黄鹄山头卖酒度日。一天，有一位老道来讨酒喝，辛氏慷慨答应，后来，老道每日必来，却没付一分酒钱。一年后的一天，老道又来了，说："今天我是来向你道别的，每日饮酒，无以为谢。"于是，老道用橘子皮在墙上画了一只鹤，说只要拍手相招，黄鹤便会下来为酒客跳舞助兴。第二天，酒店来了客人，辛氏拍手一试，黄鹤果然一跃而下，翩翩起舞，舞毕又跳回墙上。从此酒店生意兴隆。十年后的一天，老道又来到酒店，对辛氏说："不知十年来你挣的钱，还清了我的酒债了吗？"辛氏急忙说："非常感谢，在黄鹤的帮助下，我现在非常富有。"老道一听，哈哈大笑，取出所带的笛子，对着墙上的黄鹤吹起奇妙的曲调，黄鹤闻声起舞，一曲吹完，只见老道跨上黄鹤飞走了。为了纪念这位老道和神奇的黄鹤，辛氏用多年积攒的钱在酒店旁建起了一座楼，取名为黄鹤楼。千百年来，这个故事广为流传。

现在请大家随我上楼参观。我们现在所在的地方并非二楼，而是一楼与二楼之间的夹层，俗称跑马廊。这样的跑马廊每两层之间都有，大家可以算一下，黄鹤楼从外面看有5层，再加上每2层之间的跑马廊，内部一共就有9层，因此，黄鹤楼就有了"外五内九"的建筑结构。

在二楼大厅，大家可以看到宋代和清代两座黄鹤楼的模型，他们代表了各自所处时代的建筑风格。请看这座宋代的黄鹤楼，它由楼、台、轩、廊组成，每层翘首重檐，展现了宋代建筑精致、俊逸的风格。在宋代模型后方的墙壁上，大家可以看到古代黄鹤楼的几幅图画，其中第二幅和第四幅分别是宋代和明代黄鹤楼的界画。这里我想跟大家特别介绍一下，所谓"界画"就是在作画时用界尺引线的画。界尺是建筑绘图时专供毛笔画直线的工具，界画与其他画种相比，有一个明显的特点，就是能更准确、细致地再现所画对象，从而科学、形象地记录古代建筑。自宋代起，界画就成为中国画的一个独立门类。大家再看这边清代的黄鹤楼模型，它分为3层，1层有12个檐，代表着1天有12个时辰，2层有12个檐，代表着1年有12个月，3层的28个檐则代表了天上的二十八星宿，中国传统的天文历法被融入了清代黄鹤楼的建筑之中，遗憾的是在1884年夏天，也就是清光绪十年，这座楼毁于火灾。在清代黄鹤楼模型的背后，我们可以看到几幅关于它的珍贵照片。

现在请大家随我到三楼，这里是一幅名为"文人荟萃"的大型陶瓷壁画，画中人物神态各异、栩栩如生，再现了历代文人墨客来黄鹤楼吟诗作赋的情景。大家请看，中间那位身着红衣的正是唐代诗人崔颢。相传有一年,崔颢慕名来到黄鹤楼,游览后即兴赋诗一首,名为"黄鹤楼",《黄鹤楼》成为描写黄鹤楼不可多得的好诗。后来,诗仙李白来到黄鹤楼游览,觉得黄鹤楼传说奇特、风景优美,于是诗兴大发,准备写诗。当李白饱蘸浓墨,提笔欲写时,抬头看到了墙上崔颢的诗,他当场摇摇头,搁笔不写。围观的人们不知何故,纷纷询问原因,只见李白叹了口气,吟出一首打油诗:"一拳打碎黄鹤楼,一脚踢翻鹦鹉洲。眼前有景道不得,崔颢题诗在上头!"

现在我们来到了黄鹤楼的五楼,在五楼大厅,我们看到的这组壁画名为《江天浩瀚》,共 10 幅,整组壁画约 100 平方米,是全楼规模最大的壁画,展现了长江的巍峨壮丽和黄鹤楼的兴衰历程。现在让我们到大厅外去看看武汉三镇的美景吧。眼前是万里长江第一桥——武汉长江大桥,对面龟山上有高耸入云的电视塔,那边是如彩虹跨江的晴川桥……三镇美景尽收眼底。

好了,游客朋友们,接下来的时间就交给大家了,大家可以自由参观、拍照,半小时之后,我们在一楼大厅门口集合。自由活动时请大家注意安全,照看好自己的随身物品。

今天的黄鹤楼之旅就要结束了,小游也要和大家说再见了。在这里,感谢大家在旅途中对我工作的支持与配合,如果有什么做得不够好的地方还请大家多多包涵,给我提出宝贵的意见,也希望大家再来黄鹤楼参观游玩,我将为大家提供更好的导游服务。最后祝大家一路顺风,归途愉快!

黄鹤楼景区
模拟导游
讲解视频

任务二 东 湖

任务描述

本任务对武汉东湖生态旅游风景区(简称东湖风景区)进行了较为全面的介绍,包括地理位置、湖泊成因、历史文化、主要景点等,详细介绍了东湖风景区的听涛、磨山两大景区,并解析了游览东湖听涛景区的常规线路和讲解思路,提供了参考导游词和导游讲解的视频资料。

任务目标

掌握东湖风景区的概况,了解东湖风景区的分布和各景区的特色,熟悉景区的历史文化知识及名人轶事,理解东湖磨山景区的讲解思路,通过本任务的学习能进行东湖磨山景区的模拟导游讲解。

武汉东湖

一、东湖风景区认知

(一)东湖风景区概况

1. 地理位置

武汉东湖生态旅游风景区,简称东湖风景区,是国家 5A 级旅游景区、全国文明风景旅游区示范点、首批国家重点风景名胜区[①]。东湖因位于武汉市城区东部而得名,景区面积 88 平方千米,其中水域面积 33 平方千米,是中国第二大的城中湖。东湖湖

---

① 自 1982 年起,国务院共公布了 9 批 244 处国家级风景名胜区。其中,第一批至第六批原称国家重点风景名胜区,2007 年起改称国家级风景名胜区。

东湖风景区导游图

岸曲折,港汊交错,素有九十九湾之说。东湖风景区有 100 多处景观景点,内含 12 个大小湖泊。120 多个岛渚星罗棋布,112 千米的湖岸线蜿蜒曲折,环湖的 34 座山峰绵延起伏,10000 余亩[①]山林郁郁葱葱。

2. 湖泊成因

东湖位于长江南岸,是长江淤塞而形成的。结合史料记载与民间口述可知,在 100 多年前,东湖属沙湖水系,东湖、沙湖及白洋湖原本相通,并与长江相连。那时整个长江南岸的湖泊面积广阔,江和湖互相联通,也无人工堤防防御水患。每年夏季长江涨水,或春天水势稍大,江水便将沙湖、郭郑湖(今属东湖)连成一片,尽成泽国。清光绪二十五年(公元 1899 年)至光绪二十八年(公元 1902 年),湖广总督张之洞在长江与东湖之间修建了南北两段堤防——武金堤和武青堤,并在南北堤防上修建了武泰闸和武丰闸,从此,东湖与沙湖分离,从与长江相连的天然湖泊成为人工控湖的湖泊。由于其独特的地质构造,几十年来东湖的水域面积变化不大,2014 年前东湖曾是中国最大的城中湖,2014 年因武汉中心城区扩大,东湖退居武汉市江夏区的汤逊湖之后,成为中国第二大城中湖。

---

① 1 亩≈666.67 平方米。

3. 历史文化

自古以来，东湖就是游览胜地。屈原在东湖"泽畔行吟"；楚庄王在东湖击鼓督战（清河桥古桥遗址）；三国时期，刘备在东湖磨山设坛祭天；南宋诗人袁说友用"只说西湖在帝都，武昌新又说东湖"赞美东湖；李白在东湖湖畔放鹰台题诗；毛泽东在新中国成立后曾先后到访东湖48次，在东湖接待了64个国家的94批外国政要；朱德曾写下"东湖暂让西湖好，今后将比西湖强"的诗句；东湖还有九女墩、陶铸楼、屈原纪念馆、朱碑亭等历史文化遗址。当代作家陈运和在其散文《长江，中国的肠；东湖，武汉的胃》中，称赞东湖"曾消化过多少历史故事，也健壮了一座城市肌体"。

(二) 东湖风景区各景区介绍

1. 听涛景区

听涛景区是东湖风景的核心景区之一，位于东湖最大的湖泊郭郑湖的西北岸，前身是民族资本家周苍柏先生的私家花园——海光农圃，也是东湖风景区的第一个开放景区。主要景点有行吟阁、屈原纪念馆、碧塘观鱼、长天楼、鲁迅广场、九女墩、湖光阁、寓言雕塑园、楚风园和东湖沙滩浴场等。此景区是一狭长半岛。

1) 行吟阁

行吟阁位于东湖西北岸中部的小岛上，四面环水，1955年修建，由荷风、落羽两桥与陆路相连。阁名出自《楚辞·渔父》中的"屈原既放，游于江潭，行吟泽畔"。行吟阁系钢筋混凝土仿木结构，高22.5米，平面呈正方形，三层四角攒尖顶，古色古香。行吟阁雄健俏丽，颇有民族风韵。阁前矗立着屈原全身塑像，像高3.6米，基座高3.2米，造型端庄凝重，屈原翘首向天。

行吟阁

同步测试：
介绍屈原

2）碧塘观鱼

碧塘观鱼与濒湖画廊相邻，是一组以自然湖地贯以曲桥亭廊的园林建筑。这里饲养了80多个品种的金鱼，游客可沿步廊观鱼。四周碧水涟漪，满目荷叶，照面成碧。

碧塘观鱼

3）长天楼

长天楼是一所具有民族特色的宫殿式建筑，1956年修建，为砖木水泥结构，翠瓦飞檐，分上下两层，面阔七间，进深两间。全楼可容纳千人同时就餐品茗，游客凭窗远眺，碧波万顷，有"落霞与孤鹜齐飞，秋水共长天一色"之感。

长天楼

4）九女墩

九女墩位于东湖西北小山丘上，楚风园东北处200米，是为纪念太平天国9位女英雄壮烈牺牲于东湖边而建，碑高8米，为花岗石砌成，顶端悬挂6个铜铃，正面和侧面有董必武、宋庆龄、郭沫若等人写的碑文。1956年,九女墩被列为省级文物保护单位。

九女墩

5) 湖光阁

湖光阁建于湖心小岛上,由十里长堤与陆地相连,原名中正亭,后改称湖光阁。阁为三层六面,飞檐绿瓦,登阁四顾,游船轻移,景象万千。雾日,水天一色,湖光高阁,似蓬莱仙境,无不令人向往。

湖光阁

6) 寓言雕塑园

寓言雕塑园内以古代寓言故事为主题,建有"盲人摸象""愚公移山""自相矛盾"等23个雕塑,是中国第一座寓言雕塑园。

寓言雕塑园

2. 磨山景区

磨山景区三面环水，六峰逶迤，既有优美如画的自然风光，又有丰富的楚文化人文景观。秀丽的山水、丰富的植物、别致的园中园和浓郁的楚风情是磨山景区的四大特色。充足的雨量与光照，使这里的观赏树种达 250 多种，共 200 余万株，在武汉有"绿色宝库"之美誉。

磨山景区

1）磨山楚城

磨山楚城建于 1992 年 7 月，是东湖磨山楚文化游览区的入口，设计古朴，气势恢宏。城门高 23.4 米，宽 11 米，由水门、陆门、城墙、望楼、箭楼和烽火台组成，全长 117 米。陆门的中门宽 3.9 米，两侧门各宽 1.8 米。楚俗尚红，城墙采用湖北大冶红砂石，题额"楚城"为甲骨文,由现代商史学家、甲骨文学家胡厚宣先生题写,"荆楚雄风"匾额为著名书法家李铎手书。

2)东湖樱花园

东湖樱花园位于磨山南麓,始建于1978年,扩建于1998年,2001年3月正式向游客开放。全园采用日式庭院设计,占地260亩,是以樱花为主体的专类园,与日本青森县的弘前樱花园、美国华盛顿州的樱花园并称为"世界三大赏樱胜地"。1979年4月,周恩来夫人邓颖超率中国人大代表团访问日本,前首相田中角荣特意送给邓颖超78株名品山樱。田中角荣有心选取"78"这个数字,一是周总理享年78岁,二是《中日和平友好条约》于1978年缔结,田中角荣赞颂周总理为维护世界和平、中日友好做出了巨大贡献。邓颖超特意安排将这78棵樱花树栽植在周恩来生前生活和工作过的东湖,这便是园内种植的第一批樱花。如今,东湖樱花园有染井吉野、关山樱、大岛樱、垂枝樱等50余个品种,共1万余株樱花,在每年3月至4月,东湖樱花园都会举办东湖樱花节。

东湖樱花园

3)东湖梅园

东湖梅园位于磨山南麓,三面临水,始建于1956年,是我国著名的赏梅胜地,也是我国梅花研究中心所在地、中国梅文化馆所在地。其与南京梅花山梅园、上海淀山湖梅园、江苏无锡梅园并称为"中国四大梅园"。东湖梅园山青水绿,风景秀丽。周围劲松修竹掩映,自然形成"岁寒三友"的景观。早春时节,梅花盛开,繁花似锦,暗香四溢,前来赏梅、咏梅、画梅、摄梅的中外游客络绎不绝。在园中,人们既可欣赏到烟波浩渺、水鸥点点的东湖湖光,又能领略到高耸着楚天台和朱碑亭的磨山山色。园内现有妙香国、江南第一枝、花溪、放鹤亭、梅友雕像、冷艳亭等景点,占地1200余亩,种植梅花2

万余株,有梅花品种 300 余个,其中已进行国际登录的品种有 152 个,每年 2 月至 3 月这里都会举办东湖梅花节。

东湖梅园

4)"东湖之眼"摩天轮

"东湖之眼"摩天轮位于东湖风景区中心地带,摩天轮向东是山峦叠翠的磨山和马鞍山森林公园,向西是碧波万顷的东湖和听涛景区,向南为"世界三大赏樱胜地"之一的东湖磨山樱园和武汉大学,向北则是草长莺飞的东湖落雁景区。白天乘坐摩天轮,能 360°鸟瞰东湖全景,当摩天轮转到最高点时,可饱览方圆 20 千米的东湖美景。

摩天轮直径为 49.9 米,最高点离地面 55 米,转一圈的时间为 13 分 14 秒,摩天轮的 28 个座舱采用"樱花粉"色系,可同时容纳 112 人乘坐,座舱内配置有空调、自定义蓝牙音响等,使游客欣赏湖光山色之余,有优美的音乐相伴。2020 年 8 月 18 日,武汉"东湖之眼"摩天轮正式对外开放。

"东湖之眼"摩天轮

3. 落雁景区

落雁景区与磨山景区隔湖相望，占地面积10.24平方千米，其中水域面积4.29平方千米。景区内湖面广阔，湖岸曲折，港汊交错，山水相依，孤岛星罗，绿草如茵，芦苇密集，水鸟聚集。景区内常常有雁、野鸭、獐鸡等动物出没于芦苇间。这里植被丰富，树木繁茂，栽种着树龄百年以上的古树名木，如雪松、银杏、广玉兰、女贞、三角枫等100余株，其中树龄最长的为800余年。这里是武汉市古树名木资源最集中、最具观赏价值的古树名木群落。自2000年起，景区先后建成了清河古桥、鹊桥相会、雁洲索桥、芦洲古渡、赵氏花园、古树奇观、雁栖坪沙、芦洲落雁八大景观。

落雁景区

4. 吹笛景区

吹笛景区，又名马鞍山森林公园，位于东湖风景区东南部，濒湖有吹笛山，景区由此得名。相传姜太公、楚庄王、赵子龙、朱元璋等历史名人曾在这一带留下足迹和美丽的传说。景区以优美的自然风光取胜，拥有森林和湿地两大生态特色，体现出自然、生态、清新、野趣，素有"武汉后花园"和"天然氧吧"的美誉。景区内有大小山峰17座，最高的马鞍山海拔约136米，森林覆盖率高达80%，植被主要由以马尾松为主的针叶林和以樟树、枫香、女贞为主的阔叶林混交而成，滨湖湿地区还有大片池杉林。景区内建有景致优美的太渔桥国家湿地公园，猴山散养了100多只猴子，数量之多在武汉更是独此一家，另有自助烧烤和林中滑索、弯月飞车、森林赛车、镭战等休闲游乐项目。

5. 东湖绿道

东湖绿道位于武汉东湖风景区内，是国内首条城区内5A级旅游景区绿道。绿道全长101.98千米，宽6米，依托于东湖秀丽的风景和人文历史。东湖绿道由湖中道、湖山道、磨山道、郊野道、听涛道、森林道、白马道7条主题绿道串联组成。

吹笛景区

作为东湖风景区生态保护和系统修复的核心工程，东湖绿道在规划设计上，将生态修复作为重点考量，不仅让市民实现"世界级慢生活"，还规划了13条生物通道。东湖绿道范围内共生存着包括鱼类、两栖类、爬行类、鸟类在内的上百种动物，东湖湿地是冬季候鸟由北方迁至南方的重要栖息地。东湖绿道规划设计中，注重对生物多样性的保护，如为小野兔、小松鼠等小型动物设计可以穿行的管状涵洞和箱形涵洞，管涵设低水路和步道。2020年，东湖绿道工程获得第17届中国土木工程詹天佑奖。2021年，东湖绿道工程获得中国建筑业协会公布的2020—2021年度第一批中国建设工程鲁班奖（国家优质工程）。

东湖绿道

二、东湖磨山景区导游讲解思路分析

由于东湖风景区由四大景区构成,且景区分布较为分散,各个景区的面积又相对较大,通常游览一个景区就需要半天甚至一天的时间。因此,结合导游资格考试面试的讲解时间要求和景区的实际情况,我们在面试时通常只选择其中一个景区进行模拟导游讲解。根据东湖风景区游客量的接待情况,我们通常会选择游客量相对较大的听涛景区或磨山景区。接下来,就以东湖磨山景区为例,我们来梳理一下导游讲解的基本思路。

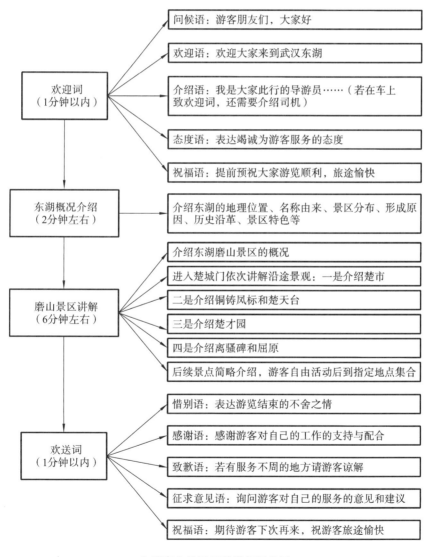

东湖磨山景区导游讲解思路图

三、东湖磨山景区参考导游词及讲解范例

东湖磨山景区导游词

游客朋友们：

大家好,欢迎来到大江大湖大武汉！我是大家此行的导游员,大家就叫我小龚就好,这位是我们的司机王师傅,他的车技相当娴熟,大家尽可放心乘坐！今天,我们一起游览的是武汉东湖风景区。一路上大家有什么问题、要求,请尽管提出,我们将在合理可行的情况下尽量满足大家。小龚提前预祝咱们此次东湖之旅玩得开心,游得尽兴！

到达景区之前,我先给大家介绍一下东湖的概况,东湖风景区是国家5A级旅游景区,整个风景区面积88平方千米,由听涛、磨山、吹笛、落雁四大景区组成。水域面积33平方千米,大约是杭州西湖的6倍。请大家往窗外看,东湖广阔的湖面、优美的风景近在眼前。也许有的游客会问,这么大的湖泊是怎么形成的呢？东湖濒临长江,经青山港与长江相通,在江与湖之间,发育着一片冲积平原,形成相对低下的凹地。每当汛期来临,长江水位上涨,水就流入这片凹地,而汛期结束枯水期来临时,水又无法外泄流入长江,久而久之,洼地内的积水就形成了现在的东湖。

东湖风景区的前身是民族资本家周苍柏先生的私家花园——海光农圃,中华人民共和国成立后,周苍柏先生将海光农圃捐献给了国家,从20世纪50年代开始,政府对其进行了大规模的建设和改造,现在的东湖已成为人们休闲度假、回归大自然的好去处,101.98千米长的东湖绿道,将东湖变成人们亲近自然的城市"生态绿心"。说着说着,我们已经来到了以楚文化为主题的东湖磨山景区,现在请大家带好自己的随身物品准备下车,跟我一起去领略东湖的楚风楚韵吧！

磨山景区是东湖风景区的核心景区,分为山北楚文化游览区和山南特色花卉园林区,以青山秀水、荆风楚韵、四季花香为主要特色。您眼前看到的楚城是依据楚人喜爱临水居高的特点,按照郢都古城的形制建设而成,郢都是当时楚国的政治、经济、文化中心。

"修城以为民,修廊以为君",历朝历代,诸侯国都有自己的城池,楚国也不例外。楚国是最早修筑长城、设立城门的诸侯国。楚人称长城为方城,它在先秦时期是用来防御敌情的。楚城门是进入楚城的第一道风景,整个城门由水门、陆门、城墙、箭楼、望楼和隐于山间的烽火台所组成,气势雄伟、古朴端庄,是对当时的大都会纪南城城门的再现。大家看,城门的墙体向两边延伸,一边向北深入湖中,湖中设有一门,叫作水门,这也是楚城独有的,它是各种商船、战船的通道。另一边向西南延伸隐于山体的为烽

火台。陆门有三道,中间大,两边小,中间的门比两侧的门宽一倍。在城门的上方,我们可以看到"荆楚雄风"的匾额,下方可以看到用甲骨文书写的"楚城"二字,古人喜欢从右到左写字,所以我们从右到左来读这两个字。我们可以看到甲骨文的"楚"字是上下两个部分,上面形似林,下面形似一个足,正对应了楚人"以启山林,筚路蓝缕",开创了楚国800余年的历史。

进入楚城门我们看到的就是楚市了,顾名思义就是楚国的集市。楚市由30多间大小不等的干栏式建筑组成,这是由于楚地潮湿多雨的气候条件而形成的一种特殊的建筑形式,俗称吊脚楼。不知大家注意到没有,整个街市都是黄墙黑瓦、红漆门柱、青石小道,装饰多采用黑、红、黄3种颜色,这是因为出土的楚国漆器多是这3种颜色,这也是楚人所尊崇的3种颜色。

现在我们看到的铜铸凤标就是楚文化游览区的标志。图腾就是古代人们精神的一种寄托,凤是楚人的图腾,被视为至真、至美、至善的象征。在出土的大量楚国文物中,凤的占比较大,例如一些丝织品、帛画、漆器等物品上面的图案都是凤。我们眼前的这尊雕像,双凤翘首相对,拱成半圆弧造型,像不像熊熊烈火?这也表现了楚人"崇火尚凤"的习俗。虎是百兽之王,凤代表着楚人的精神,凤踏猛虎喻示楚人要战胜困难,实现楚国的腾飞。登上345级台阶就来到楚天台了,它是参照楚灵王的行宫——章华台的遗址而修建的。在春秋时期,楚国人的建筑以"台"为最,"章""华"二字都是古代对华美、吉祥的形容,因此,章华台成为楚人最骄傲的建筑,并且会修建在很高的地方。据说有一次楚王宴请宾客,在章华台上大摆宴席,哪知客人在登上章华台的路上就休息了三次,所以章华台又名"三休台"。

游览了这么久,我想问问大家了解楚国的历史典故吗?接下来我们看到的就是楚才园了。里面通过雕塑的形式向我们展示了楚国800余年历史长河中的著名典故。楚才园的大门口悬挂着四口楚式的编钟,是按照著名的曾侯乙编钟的形状所设计的。在磨山我们随处可以看到编钟的"身影",编钟上的四个字是什么呢?从右到左读这四个字就是"惟楚有才"。这不是咱们楚国人妄自尊大,而是在春秋时代就已经有了这种说法。这个"惟"字是竖心旁的"惟",而不是口字旁的"唯",这里的"惟"是个语气词,"惟楚有才"就是说:"啊!原来楚国有人才!"其实在楚才园中还有很多楚文化的小故事。例如,高山流水遇知音——俞伯牙和钟子期的故事,以及楚庄王"三年不飞,一飞冲天;三年不鸣,一鸣惊人"的故事等都能在楚才园中看到。

湖北是楚文化的发祥地,对世界影响深远的楚文化催生了众多的历史文化名人,而浪漫主义爱国诗人屈原,便是其中的经典代表。现在我们看到的便是离骚碑了,《离骚》是屈原的代表作之一,眼前的离骚碑也是我国目前较大的碑刻之一,选用毛主席手抄的《离骚》全诗摹刻。屈原不仅以爱国主义情怀名垂千古,还是中国文学史上浪漫主

义诗人的杰出代表。屈原的出现,不仅标志着中国诗歌进入了一个由集体歌唱到个人独创的新时代,而且他所开创的新诗体——楚辞,突破了《诗经》的表现形式,极大地丰富了诗歌的表现力,为中国古代的诗歌创作开辟了一片新天地。同时,以屈原为代表的楚辞还影响到汉赋的形成。他留下的作品有《离骚》《天问》《九歌》《九章》,这些作品为后世的诗歌创作留下了宝贵的财富。我国行星探测任务就被命名为"天问系列"。

东湖
磨山景区
模拟导游
讲解视频

游客朋友们,我们今天的东湖磨山之旅就到此结束了。非常感谢大家对我工作的支持和配合。同时,如果我的工作中有什么做得不好的地方还请大家多多批评指正。希望以后有缘和大家再次相逢,为大家提供更好的服务。最后,小龚祝大家在今后的人生旅途中平平安安、开开心心、万事如意!

任务三 长江三峡

任务描述

三峡,是万里长江中一段山水壮丽的大峡谷,是中国十大风景名胜之一。它是长江风光的精华、神州山水的瑰宝,古往今来,始终闪耀着迷人的光彩。

本任务对长江三峡的三段峡谷进行了较为全面的介绍,包括地理位置、主要景点等,并以从宜昌上船至重庆逆流而上的三峡游览线路为例,解析了现场导游考试中讲解该景点的思路,提供了参考导游词和导游讲解视频资料。

任务目标

掌握长江三峡的概况、西陵峡、巫峡、瞿塘峡三段峡谷的位置和特点,了解每段峡谷的代表性景点,熟悉三峡地区的历史文化及传说故事,了解乘船游览的讲解思路,通过本任务的学习能进行长江三峡的模拟导游讲解。

长江三峡风光

一、长江三峡认知

(一)长江三峡概况

1. 地理位置

长江三峡位于中国的腹地,是瞿塘峡、巫峡和西陵峡三段峡谷的总称,也就是常说的"大三峡"。西起重庆奉节的白帝城,东至湖北宜昌的南津关,跨重庆奉节、重庆巫山、湖北巴东、湖北秭归、湖北宜昌,全长193千米。

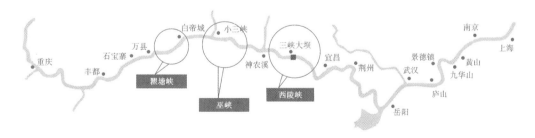

长江三峡地理位置图

长江三峡是由于这一地区地壳不断上升,江水强烈下切而形成的。两岸崇山峻岭、悬崖绝壁,风光奇绝,陡峭连绵的山峰一般高出江面千米。江面最窄处不足百米。随着规模巨大的三峡工程的兴建,这里更成了世界知名的旅游线路。长江三峡景点众多,其中较著名的有奉节白帝城、丰都鬼城、忠县石宝寨、巫山神女峰、大宁河小三峡、昭君故里、屈原故里、三峡工程等。

2. 游览方式

三峡旅游有其特殊性，如景点均遍布两岸，两岸群山峻岭不宜行车等，所以经水路游三峡最为理想。一般提及游三峡，在没有特别指明其他游览方式的情况下，即为乘船游。乘坐游轮，饱览江景，每到名胜登岸观光，既免去了每日更换酒店的奔波之苦，又可享受每日不同的窗外景观。

三峡旅游路线相差无几，一般是由重庆出发至宜昌（下水）或由宜昌出发至重庆（上水），耗时相对合理，为3—6天。也有少部分游客选择由重庆至上海、南京、武汉，或是由上海、南京、武汉至重庆，耗时相对较长，一般为6—10天，此路线游客以老年人居多。

（1）从重庆顺江而下，快节奏地观赏三峡的奇特风光。

（2）从上海、南京或武汉逆流而上，游览长江沿途美景。

（3）从宜昌逆流而上，观赏三峡的奇特风光。

(二) 长江三峡主要景点介绍

1. 瞿塘峡

西起重庆奉节的白帝城，东至重庆巫山的大溪乡，全长虽然只有8千米，却有"西控巴渝收万壑，东连荆楚压群山"的雄伟气势。在三段峡谷中，它最短、最狭、最险，气势和景色也最为雄奇壮观。其"雄"首先是山势之雄。游客进入峡中，但见两岸险峰上悬下削，如斧劈刀削。山似拔地来，峰若刺天去。峡中主要山峰，有的高达1500米。瞿塘峡中河道狭窄，河宽不过百余米，最窄处仅几十米，这使两岸峭壁相距甚近，更增添了几分雄气。其中，峡之西端的夔门尤为雄奇。该处两岸若门，呈欲合未合之状，堪称天下雄关。瞿塘峡之雄还在于水势之雄。古人咏瞿塘："锁全川之水，扼巴蜀咽喉。"瞿塘峡虽然较短，但峡小景不少。主要景点有奉节古城、八阵图、鱼复塔、古栈道、风箱峡、粉壁墙、孟良梯、犀牛望月。

1) 夔门

夔门位于长江三峡瞿塘峡之口，为三峡西大门，南为白盐山，北为赤甲山，拔地而起，双峰欲合，如门半开，故称夔门，素有"夔门天下雄"之称。与"剑门天下险、峨眉天下秀、青城天下幽"，并称巴渝名胜。这里崖高500米，河宽只有百余米，但流量高达每秒50000余立方米，真是"两山夹抱如门阀，一穴大风从中出""白盐赤甲天下雄，拔地突兀摩苍穹"。赤甲山因含有氧化铁的水溶液黏附在风化的岩层表面，所以土石呈红色，如人祖背，故名赤甲山。白盐山系因黏附在岩石上的水溶液含钙质，故土石色似白盐而得名。在灿烂的阳光下，赤甲山呈红色，白盐山呈灰白色，两山隔江相望，一个红装，一个素裹，可谓奇景。杜甫描绘夔门的水势，写下了"众水会涪万，瞿塘争一门"的

瞿塘峡风光

绝唱,勾勒出夔门的伟岸雄姿。临江的石壁上,还刻有孙元良的"夔门天下雄,舰机轻轻过"行书大字,游客至此,会有"峰与天关接,舟从地窟行"之感。

夔门

2) 奉节县白帝城

白帝城位于重庆奉节,地处瞿塘峡口长江北岸,白帝山上,东望夔门,南与白盐山隔江相望,西临奉节县城,北倚鸡公山,地处长江三峡西端入口。西汉末年,公孙述据蜀,在山上筑城,因城中一井常冒白气,宛如白龙,便借此自号白帝,并将此城命名为白帝城。公孙述死后,当地人在山上建庙立公孙述像,称白帝庙。唐代以前,白帝庙处增建了祭祀刘备的先主庙和祭祀诸葛亮的诸葛祠。

白帝城因其天生易守难攻,成为古代历朝兵家必争之地。战国时期楚国夺此地而得以西进,西汉公孙述据此地而割据一方,蜀汉刘备退守白帝城托孤而汉室得存,南宋筑山城而抗御蒙元,故白帝城有"镇守三峡、拱卫巴楚"之称。历朝在白帝城先后建立过扞关、江关、白帝城、夔州都督府、夔州路、瞿塘关、瞿塘卫等军事堡垒性质的重镇,尤其是宋元战争时期,白帝城为南宋"四舆"、川东"八柱"之一,与当时的重庆城、合川钓鱼城、渝北多功城、南川龙崖城、泸州神臂城等,共同构建了南宋政权西线山城防御体系,明清时期,白帝城仍作为西南地区重要的军事堡垒沿用。

白帝城

3) 丰都鬼城

丰都县被誉为神曲之乡,是道教72洞天福地之一,是一座融合了巴渝文化和鬼文化的古城。丰都鬼城是集儒、佛、道民间文化于一体的民俗文化艺术宝库,是重庆长江三峡国际黄金旅游带上的一颗璀璨明珠。

4) 忠县石宝寨

忠县石宝寨是中国现存体积最大、层数最多的穿斗式木结构建筑,地处重庆忠县和万州区之间的长江北岸。12层阁楼通高50米,依玉印山而建,重檐高耸,飞檐展翼,浑然一体,宏伟壮观,是重庆及三峡旅游热门景点之一。

2. 巫峡

位于重庆巫山和湖北巴东两县境内,西起巫山县城东面的大宁河口,东至巴东县官渡口,绵延45千米,包括金盔银甲峡和铁棺峡,峡谷特别幽深曲折,是长江横切巫山主脉背斜而形成的。巫峡又名大峡,以幽深秀丽著称。整个峡段奇峰突兀,怪石嶙峋,峭壁屏列,绵延不断,是三峡中最具观赏性的一段,宛如一条迂回曲折的画廊,充满诗情书意,可以说处处有景,景景相连。

巫峡风光

1) 巫山十二峰

巫山十二峰被称为"景中景,奇中奇"。清代许汝龙在《巫峡》一诗中说:"放舟下巫峡,心在十二峰。"巫峡以巫山得名,幽深秀丽,千姿百态,宛若一幅浓淡相宜的山水国画。峡谷两岸为巫山十二峰,北岸由西向东依次为登龙、圣泉、朝云、神女、松峦、集仙六峰。南岸也有六峰,但江中能见到的依次为飞凤、翠屏、聚鹤三峰,其余净坛、起云、上升三峰并不临江。如欲游览,须从飞凤峰附近的青石溪溯流而上,到兰厂登岸,才可领略三峰雄姿。

2) 神女峰

十二峰中以神女峰最为著名,峰上有一挺秀的石柱,形似亭亭玉立的少女。她每天最早迎来朝霞,又最后送走晚霞,故又称望霞峰。据唐广成《墉城集仙录》载,西王母幼女瑶姬携狂章、虞余诸神出游东海,过巫山,见洪水肆虐,于是"助禹斩石、疏波、决塞、导厄,以循其流"。水患既平,瑶姬为助民永祈丰年、行船平安而立于山头,日久天长,便化为神女峰。

3) 大宁河小三峡

大宁河小三峡由龙门峡、巴雾峡、滴翠峡组成,全长50千米。她一池碧水,奇峰壁立,竹木葱茏,猿声阵阵,饶有野趣。小三峡的特色是秀美、神奇。有人认为它有六奇,即山奇雄、水奇清、峰奇秀、滩奇险、景奇幽、石奇美,可称为"天下奇峡"。大宁河小三峡与长江大三峡风景区毗邻,是国家重点名胜风景区,1991年被评为"中国旅游胜地四十佳"。

小三峡不仅是一处风景名胜区,还有谜存千古的巴人悬棺、船棺,令人难解的古栈

知识活页:
神女峰——
世间最多情的石头

神女峰

道石孔等珍贵历史遗迹。这一奇特的峡谷风光,将自然景观与人文景观融为一体,是长江三峡黄金水道线上的一颗璀璨明珠。

4) 马渡河小小三峡

马渡河小小三峡水流湍急,水清见底,峡江两岸,岩石如削,奇花异草,俯首可拾,抬头仰望,天开一线,环顾江岸,绿树成荫,是一处集旅游、探险和漂流等多功能于一体的风景区。小小三峡漂流,被誉为"中国第一漂",是勇敢者磨炼意志和增强毅力的天堂。

3. 西陵峡

西陵峡西起秭归香溪河口,东至宜昌南津关,全长76千米,是长江三峡中最长的峡谷。因位于楚之西塞和夷陵(宜昌古称)的西边,故叫西陵峡。历史上以其航道曲折、怪石林立、滩多水急、行舟惊险而闻名。新中国成立以后,经过对川江航道的多年治理和受葛洲坝水利工程建成的影响,其水势已趋于平缓,但绮丽景观如旧。西陵峡自上而下共分为4段:香溪宽谷、西陵峡上段宽谷、庙南宽谷、西陵峡下段峡谷,沿江有巴东、秭归、宜昌3座城市。北宋著名政治家、文学家欧阳修曾留下"西陵山水天下佳"的千古名句。

西陵峡风光

1）西陵峡口风景区

西陵峡口风景区位于宜昌西郊,距宜昌市中心 4 千米,离三峡国际机场 20 千米,与宜昌火车站相隔 5 千米。风景区东起葛洲坝,西至三峡大坝,总面积 142 平方千米,素有"三峡门户、川鄂咽喉"之美称,是国家 4A 级旅游景区,为"中国十大风景名胜"之一。

2）三峡人家

三峡人家风景区是国家 5A 级旅游景区,位于长江三峡中最为奇幻壮丽的西陵峡境内,三峡大坝和葛洲坝之间,跨越秀丽的灯影峡两岸,面积为 14 平方千米。

三峡人家石牌之美,美在"湾急、石奇、谷幽、洞绝、泉甘",它包括龙进溪、天下第四泉、野坡岭、灯影洞、抗战纪念馆、石牌古镇、杨家溪漂流等景区,其旅游内涵可以用"一二三四"来概括,即一个馆（石牌抗战纪念馆）,两个特别项目（三峡人家风情项目和杨家溪军事漂流项目）,三个"第一"（三峡第一湾——明月湾、中华第一神牌——石令牌、长江第一石——灯影石）,天下第四泉——蛤蟆泉。其中,三峡人家风情项目又分为水上人家、溪边人家、山上人家、今日人家。

3）三峡水电站

三峡水电站,即长江三峡水利枢纽工程,又称三峡工程,是湖北宜昌境内的长江西陵峡段与下游的葛洲坝水电站构成的梯级电站。

三峡水电站是世界上规模最大的水电站,也是中国有史以来建设最大型的工程项目。而由它所引发的移民搬迁、环境等诸多问题,使它从开始筹建的那一刻起,便始终与巨大的争议相伴。三峡水电站具有多种功能,如航运、发电、种植等。三峡水电站于 1992 年获得全国人民代表大会批准建设,1994 年正式动工兴建,2003 年 6 月 1 日开

三峡人家风景区

始蓄水发电,2008年10月26台机组全部投入运行,2009年三期工程全部竣工。

4) 兴山昭君故里

兴山县始建于公元260年,因"环邑皆山,县治兴起于群山之中"而得名,位于三峡大坝库区坝首,东临宜昌,西连巴东,南接屈原故里,北枕神农架。兴山物华天宝,钟灵毓秀,境内群峰竞秀,万木争荣,溪流纵横,碧绿多姿。兴山旅游资源丰富,名胜古迹众多,主要有昭君村古汉文化旅游区、高岚自然风景区、龙门河国家森林公园、古夫新县城民俗生态旅游区和古洞口水上旅游区。

兴山是我国古代四大美人之一王昭君的故乡。王昭君是西汉南郡秭归(今湖北宜昌兴山)人,南郡秭归今被分为秭归和兴山两县,她的故乡宝坪村,在兴山县城向西北方向行驶约六七千米。宝坪村是一个山明水秀的好地方。长江的一条清澈的支流——香溪流经村前,溪水半绕着一峰青山,山腰有一方天然的平地,平地上的那座村落故而得名"宝坪"。

5) 秭归屈原故里

秭归山川优美,人杰地灵,集名人(屈原)、名坝(三峡大坝)、名峡(西陵峡)、名湖(高峡平湖)、名物(脐橙)于一体,融巴楚文化、屈原文化、峡江文化于一体,是湖北旅游强县。秭归旅游景点众多,除了举世闻名的西陵峡和三峡大坝,还有全国最大的文物集中复建保护地凤凰山、屈原诞生地乐平里等。

乐平里是秭归境内一个四面青山、绿水回环的村庄,公元前340年,屈原就诞生在这里,这里是诗祖的根脉。秭归为屈原的诞生地这一说法最早源于东晋袁山松《宜都

昭君塑像

记》记载,"秭归,盖楚子熊绎之始国,而屈原之乡里也"。历代诗人杜甫、苏轼、苏辙、王十朋、陆游、范成大、王士祯途经秭归后,都留下了讴歌屈原的诗作。20世纪50年代,郭沫若还为秭归亲笔题写了"屈原故里"四个字。

屈原故里

二、长江三峡导游讲解思路分析

湖北地区的导游人员在带领游客游览长江三峡时,通常是从宜昌上船,逆流而上依次浏览西陵峡、巫峡、瞿塘峡,至重庆下船。因此,湖北地区参加导游资格考试的考生在模拟讲解长江三峡时,建议按照逆流而上的游览线路依次介绍三段峡谷,并在每段峡谷中选取代表性景点进行介绍。

根据导游词的基本构成部分,结合导游考试面试的时间要求,本书总结而成的长江三峡导游讲解的基本思路如下。

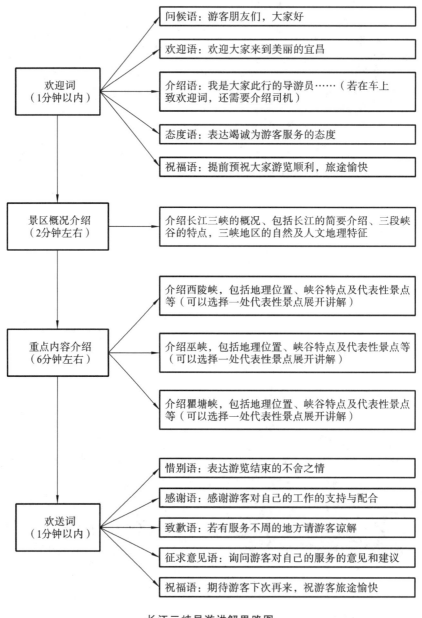

长江三峡导游讲解思路图

三、长江三峡参考导游词及讲解范例

长江三峡导游词

游客朋友们：

  大家好！很高兴在这个风和日丽的日子和大家相会在美丽的宜昌！我是大家此行的导游员小张,这位是我们的司机陈师傅,陈师傅的驾驶经验十分丰富,大家可以放心观赏沿途的美景。今天,我们将一同乘船,从宜昌逆流而上,去欣赏美丽壮阔的长江三峡。一路上您若是有什么问题,请尽管提出来,我将尽力为您提供帮助。这里,先预祝大家的三峡之旅玩得开心,游得尽兴！

  在我们到达登船码头之前,我想先向大家简要介绍一下长江三峡的概况。长江是我国第一大河,它发源于世界屋脊——青藏高原的沱沱河,纳百川千流,自西向东横贯中国腹地,全长6300余千米,是仅次于非洲的尼罗河和南美洲的亚马孙河的世界第三大河,也是孕育中华民族古老文明的摇篮。在流经四川盆地东缘时冲开崇山峻岭、夺路奔流,形成了壮丽雄奇、举世无双的大峡谷——长江三峡。长江三峡西起重庆奉节的白帝城,东至我们湖北宜昌的南津关,全长193千米,是世界上较大的峡谷之一。之所以称为三峡,是因为它是由三段峡谷组成的,即雄伟的瞿塘峡、秀丽的巫峡和险峻的西陵峡。

  三峡的自然风光壮丽雄奇,而其人文景观和地域历史文化更令其增色不少。诗仙李白曾三过三峡,并留下《早发白帝城》的千古名诗。这里不光是楚文化的摇篮,也是巴文化的发祥地,这两种文化经过长时间的交融,早已形成了独具特色的巴楚文化。接下来就让我们一起登上游轮,去感受三峡非同凡响的魅力吧！

  风光绮丽的西陵峡,西起湖北秭归香溪河口,东至宜昌南津关,全长76千米,是长江三峡中最长的峡谷。宜昌古称夷陵,西陵峡因位于夷陵的西边而得名。当今世界上最大的水利枢纽工程——三峡工程就位于此段峡谷之中。西陵峡以"险"闻名,以"奇"著称,峡中有峡,滩中有滩,大滩含小滩,滩多水急。自古以来,三峡船夫世世代代在此与险滩激流相搏。新中国成立后整治航道,西陵峡中滩多水急的奇观、船夫与激流相搏的壮景已不复存在,尤其是三峡大坝建成蓄水后,回水百里,水位上升,险滩礁石连同这里的兵书宝剑峡、牛肝马肺峡等景观已永眠于江底,但水位抬升后形成了开阔的江面,也为我们带来了许多新的景点。

  船行出西陵峡不久我们就到了香溪宽谷。在这绿水悠悠的香溪之滨,历史上曾诞生过两位著名人物:一位是伟大的爱国诗人屈原,另一位是汉代的美女王昭君。传说有一天,昭君在溪边洗脸,无意中颈上的珍珠项链散落溪中,从此溪水清澈,水中含香,似一条流香溢美的彩带,故名香溪。三峡工程蓄水后,游船可从长江进入香溪,直到昭君村。途中可到达屈原故里——乐平里。

现在我们的游船已经进入了以"秀"著称的巫峡。巫峡从湖北巴东的官渡口到重庆巫山的大宁口，绵延45千米。因为这45千米没有间断，所以巫峡是三段峡谷中最完整的一个，人们又称之为大峡。幽深秀丽的巫峡处处有景、景景相连，较为壮观的是巫山十二峰。这些山峰形态各异，有的若腾龙直冲云霄，有的似凤凰展翅欲飞，有的青翠如屏、彩云缠绕，而其中最令人向往的是神女峰。

游客朋友们，请随我手指的方向远望，看见那块矗立在山峰之巅的灵石了吗？不知道大家猜到了没，那就是传说中化身灵石的巫山神女。神女峰屹立在山巅之上，每当晨曦初照或黄昏时，神女峰白云缭绕，彩霞辉映，远远望去，就像一位亭亭玉立的少女，含情脉脉地凝视着江面。神女峰被誉为古老中国最多情的一块石头，不仅峰姿秀丽，而且传说动人。

三峡地区有很多关于神女峰的传说故事，流传甚广的说法是这样的：很久以前，一位专门以打鱼为生的渔夫去江上捕鱼，那天风雨大作，渔夫没有回来，他的妻子便站在山顶苦苦企盼自己的丈夫归来，日也盼，夜也盼，风雨无阻。渔夫始终没有回来，于是妻子伤心地化为岩石，伫立在山峰之巅。人们有感于这位妻子的坚贞，遂将此石称为神女峰。这个感人的爱情故事千百年来在民间流传，神女峰也被认为是美好爱情与夫妻真诚相待、同甘共苦的美好象征。著名女诗人舒婷在观赏了神女峰后，留下了动人的诗句，"与其在悬崖上展览千年，不如在爱人肩头痛哭一晚"。

游客朋友们，现在我们的游船已经抵达了长江三峡的最后一段峡谷——瞿塘峡。瞿塘峡，西起重庆奉节的白帝城，东至巫山的大溪乡，全长约8千米。在三段峡谷中，它最短、最窄、最险，但其气势和景色也最为雄奇、壮观。

长江在这里切过中生代石灰岩，形成了陡峭的峡谷，两岸峭壁犹如刀削斧砍，难怪古人曾发出"便将万管玲珑笔，难写瞿塘两岸山"的感慨。当然，瞿塘峡虽雄，但是其就像一位刚柔并济的男子，也充满了书卷味道，这就是白帝城的人文气息。三峡工程蓄水后，江面拓宽，白帝城上的古刹名胜不受影响，乘船可直抵白帝城下，再登约百级石梯便可进入白帝城。白帝城也是观看瞿塘壮景的绝佳地点，历代著名诗人李白、杜甫、白居易、刘禹锡、苏轼、陆游等都曾登临白帝城，留下了大量诗篇，故白帝城又有"诗城"之美称。

游客朋友们，大家现在是否感觉到游船行驶的速度有点慢呢？因为这里江流湍急，波涛汹涌。请大家往两边看，两岸山峰高出江面数百米，海拔高度大多在1000米至1500米，江面在此犹如细带，最窄的地方不过百米，如果从上往下俯视，就好像船行驶在地道中一般。您是否有一种"峰与天关接，舟从地窖行"的感觉呢？这里就是瞿塘峡西边的峡口——夔门，也是长江三峡的标志性景观。浩浩荡荡的江水如万马奔腾直奔夔门而来。古人咏瞿塘"锁全川之水，扼巴蜀咽喉"，描述的就是夔门江水的壮丽景观,故有"夔门天下雄"之美誉。夔门还是财富的象征,10元人民币背面的图案就是夔门,因此,夔门又被称为"财富之门",滚滚而来的江水寓意着财源广进、源源不断。大家不妨在此拍照留念,将经过夔门滚滚而来的"财富"带回家。

好了,游客朋友们,咱们的三峡之旅已接近尾声。感谢大家对我工作的支持与配合,小张有什么做得不周到的地方还请大家多多指正,希望以后能有缘和大家再次相逢,为大家提供更好的服务。大家在下船时请注意携带好自己的随身物品。最后,祝大家在今后的生活中,一顺百顺事事顺,千好万好年年好!

长江三峡
模拟导游
讲解视频

任务四 三峡大坝

任务描述

本任务对三峡大坝进行了较为全面的介绍,包括地理位置、历史沿革、三峡工程简介等,详细介绍了三峡大坝的各个景点,并解析了游览三峡大坝的常规线路和讲解思路,提供了参考导游词和导游讲解的视频资料。

任务目标

掌握三峡大坝各景点的相关内容,了解三峡大坝的基本概况,熟悉三峡大坝的历史文化背景知识,理解三峡大坝的讲解思路,通过本任务的学习能进行三峡大坝的模拟导游讲解。

一、三峡大坝景区认知

(一) 三峡大坝概况

1. 地理位置

三峡大坝位于湖北宜昌三斗坪境内,距下游葛洲坝水利枢纽工程38千米,是当今世界上最大的水利枢纽工程。工程动态总投资为2485.37亿元人民币。整个工程由拦江大坝、水力发电厂和通航船闸组成,拦江大坝建在中堡岛上。因三峡大坝是一个综合治理与开发长江的关键性工程,而三斗坪一带河床开阔,两岸花岗岩基坚硬完整,所以三峡工程选址在这里。

三峡大坝全景

2. 历史沿革

1918年第一次世界大战刚结束,孙中山便希望利用西方战时的工业设备和科学技术发展中国实业。这一年,他在《国际共同发展中国实业计划书——补助世界战后整顿实业之方法》中提出在长江三峡河段修建闸坝,改善航运并发展水电。在孙中山发表关于开发三峡水电资源的论著后,国民政府工商部曾于1930年初,拟在长江上游筹设水电厂,并着手收集有关资料和图表,但对坝区的勘察工作始终未能进行。两年后,即1932年,国民政府建设委员会主持组成长江上游水力发电勘测队。该队查勘后提出《扬子江上游水力发电测勘报告》,计划在西陵峡内黄陵庙和葛洲坝修建两座总装机容量分别为32万千瓦、50万千瓦的低水头电站,总预算1.665亿美元。但这一计划也仅仅是纸上谈兵。

抗日战争后期,美国政府推行"金元外交"政策,企图独占中国的经济利益。美国派战时生产局局长纳尔逊担任国民政府的高级经济顾问。纳尔逊到达重庆后便与蒋介石密商设立"中国战时生产局"。1944年4月,任"中国战时生产局"顾问的美国专家潘绥向国民政府提交了一份题为《利用美贷筹建中国水力发电厂与清偿贷款方法》

的报告,建议由美国贷款9亿美元并提供设备,在三峡修建一座装机容量为1050万千瓦的水电厂和年产500万吨化肥的化肥厂,并用向美国出口化肥的办法还债。潘绥的报告提交后,就引起了国民政府和美国政府的高度重视。

同年5月,世界著名坝工专家、美国垦务局设计总工程师萨凡奇(John Lucian Savage)博士应国民政府之邀抵达重庆。他到任后便立即投入工作,先考察了大渡河和岷江,接着便冒险查勘了西陵峡。查勘后,他提出了《扬子江三峡计划初步报告》。在该报告中,他建议在南津关至石牌之间选定坝址、修建电站。该电站设计坝高200米,总装机容量1056万千瓦,兼有防洪、航运、灌溉之利。这个以发电为主的综合利用方案,当时被视为水利工程的一大创举。

1945年,国民政府原则上同意萨凡奇的三峡计划。随后,国民政府资源委员会邀集扬子江水利委员会和交通、农业、地质等部门组成三峡水力发电计划技术研究委员会,同时在四川长寿设立全国水力发电工程总处,在宜昌设立三峡勘测处,负责坝区的测量钻探工作。

1946年,扬子江水利委员会组队入峡进行地形测量和经济调查。国民政府资源委员会分别与美国马力森公司、垦务局就坝区地质钻探、工程设计等事项签约。根据合约,46名中国工程技术人员赴美参与设计。钻探、航空测量等各项工作也逐步展开。

1947年5月,在国内经济形势日趋恶劣的情况下,三峡工程设计工作奉命结束;8月,设计工作全部停止,除极少数人员留美外,大部分人员分批返回中国。三峡工程在当时的中国只能是一个梦幻。

新中国成立后,在党中央、国务院的大力支持和关怀下,三峡工程开始了更大规模的勘测、规划、设计与科研工作。自20世纪50年代起,周恩来、刘少奇、朱德、邓小平、陈云、江泽民、李鹏、朱镕基等人专程深入三峡视察。

自1953年2月乘"长江舰"视察到1958年1月的南宁会议,在不到五年的时间里,毛泽东主席先后6次接见长江流域规划办公室主任林一山,都是为了三峡工程和长江水利建设问题。毛泽东主席对三峡工程兴趣浓厚,垂询甚多。比如,三峡工程的修建在技术上有无问题,坝区地质基础如何,水库会不会变成泥库,能不能长期使用,要多少投资,等等。

1956年2月,三峡工程规划设计和长江流域规划工作正在全面开展时,毛泽东在武汉畅游长江并乘兴写下《水调歌头·游泳》,"更立西江石壁,截断巫山云雨,高峡出平湖"成为人们对三峡工程的美好向往。

1958年1月和3月,党中央在南宁、成都召开的会议上又专门讨论了三峡工程和长江流域规划两大治江问题。周恩来总理与三峡工程的关系更为密切。凡与三峡工程有关的重大问题周总理无不过问。

1970年12月,中共中央根据武汉军区和湖北省的报告批准兴建葛洲坝工程。由于工程仓促上马,采取"边设计,边准备,边施工"的办法,开工后暴露不少问题。葛洲坝工程规模巨大、技术问题复杂,它的建成说明我国技术人员已有能力修建世界一流的水利工程。这对于三峡工程的获准兴建有很大的影响。如果没有葛洲坝工程,三峡工程的上马可能更困难一些。党的十一届三中全会召开后,中央从国家的"四个现代化"建设需要兴建一批骨干工程的角度着眼,又将三峡工程提上议事日程。

1980年7月中旬,时任中共中央副主席、国务院副总理的邓小平自重庆乘船东下,途中视察了三斗坪坝址、葛洲坝工地和荆江大堤,听取了长江流域规划办公室关于三峡工程的汇报;抵达武汉后,又召集国务院其他领导人研究三峡工程问题。

1982年11月24日,邓小平在听取国家计委(现国家发改委)关于修建三峡工程以缓解电力紧张局面的汇报时表示:赞成低坝方案,希望看准了就下决心,不要动摇。当时的中央主要领导人陈云、李先念等都赞同低坝方案。

1984年2月,国务院财经领导小组在京召开会议,对国家计委报送的《三峡水利枢纽150米方案可行性研究报告》进行审查。

1989年7月24日,时任中共中央总书记的江泽民上任不久,就过问三峡工程进展。他在视察了三斗坪坝址、葛洲坝工程和荆江大堤后,到长江委了解三峡工程和长江中下游防汛情况。在150米方案的设计与施工准备工作正在进行时,重庆市政府于同年11月间向中央提出不同意见。重庆市认为,150米方案中大坝抬高水位有限,水库回水末端仅在忠县至长寿之间,长寿至重庆间的航道不能改善,万吨级船队不能直达重庆。重庆市希望将正常蓄水位提高至180米。

在1985年3月召开的全国政协六届三次会议上,三峡工程问题成为会议的重要议题。一些政协委员从关心国家建设的角度提出了不同意见,并引起争论。中共中央和国务院鉴于重庆市和社会各界人士对三峡工程的兴建还有不同意见,认为应当充分体现决策的民主性和科学性,乃于1986年6月联合发出《关于长江三峡工程论证工作有关问题的通知》。通知要求:①由水利电力部广泛组织各方面的专家,对《三峡工程150米方案可行性研究报告》进行深入论证和修改,根据论证意见重编报告;②成立国务院三峡工程审查委员会,负责审查新编报告,再经中共中央和国务院批准,最后交全国人大代表会议审议。原水利电力部随即成立了长江三峡工程论证领导小组。

1989年3月,长江委根据各专题论证报告重新编制的《三峡工程175米方案可行性报告》经论证领导小组研究通过。

1990年7月6日至14日,国务院在京召开三峡工程论证汇报会,听取论证领导小组关于论证工作和新编可行性报告的汇报。出席会议的有中央领导,民主党派负责人,一些学会的理事长,国务院有关部委与湘、鄂、渝等中上游沿江省市及地区的负责人以及特邀代表、专家共178人。会上,绝大部分人同意论证的结论"建比不建好,早建比晚建更为有利",少数人有不同意见。会议认为:新编可行性报告已无原则问题,可报请国务院三峡工程审查委员会审查。12月,国务院三峡工程审查委员会第一次会议决定组织力量审查新编报告,并于次年6月审毕。

1991年7月中旬,国务院三峡工程审查委员会第二次会议决定将新编报告上报国务院批准,再转报全国人民代表大会常务委员会审议通过。

1992年4月3日,全国人民代表大会七届五次会议根据对议案审查和出席会议代表投票的结果,通过了《关于兴建长江三峡工程的决议》,要求国务院适时组织实施。出席会议的代表2633人。是日下午3时许,大会宣布投票结果:赞成票1767票,反对票177票,弃权票664票,未投票25票。

1994年12月14日,时任国务院总理的李鹏向全世界正式宣布三峡工程开工。三峡大坝为钢筋混凝土重力坝,坝轴线全长2309.47米,坝顶高185米,正常蓄水位175米,总库容393亿立方米,防洪库容221.5亿立方米。

1997年实现大江截流,2003年双线五级船闸试通航和首批机组并网发电,2008年10月26台机组全部投入运行。工程分三期施工,直至2009年全部竣工。

3. 三峡大坝工程简介

三峡大坝,又称长江三峡水利枢纽工程,是当今世界最大的水力发电工程。

三峡大坝工程包括主体建筑物及导流工程两部分,于1994年12月14日正式动工修建,2006年5月大坝全线浇筑到设计高程185米。三峡水电站2020年发电量达1118亿千瓦时,打破单座水电站年发电量世界纪录。

三峡水电站正常蓄水位175米,坝轴线全长23090.47米。截至2013年5月,静态投资合计1352.66亿人民币。截至2021年,三峡水电站并网发电机组达34台,已成为全世界最大的水力发电站和清洁能源生产基地。

2015年12月,三峡大坝入选"长江三峡30个最佳旅游新景观"。

三峡大坝无鱼类洄游通道,大坝截流后,三峡库区的四大家鱼产卵场消失,但在三峡库尾的江津以上江段(合江—弥陀江段)形成了新的产卵场,中下游的水文过程、河床冲刷、湿地格局等亦出现了不同程度的改变。

2020年8月20日,三峡枢纽入库流量达每秒7.50万立方米,开启11个泄洪深孔泄洪,是三峡水库建库以来遭遇的最大洪峰。

截至2020年10月22日14时,三峡水库已蓄水至高程173.55米。

(二)三峡大坝各景区介绍

1. 坛子岭园区

坛子岭园区是国家首批4A级旅游景区,因其山体形状酷似一个倒扣在山顶上的坛子而得名,海拔262.48米,是三峡坝区15.28平方千米征地范围内的海拔制高点,登上坛子岭的顶部观景台,可俯瞰三峡坝区的全貌,不仅能欣赏到三峡大坝的雄浑壮伟,还能观看壁立千仞的"长江第四峡"双向五级船闸。整个景区综合展现了源远流长的三峡文化,表达了人水合一、化水为利、人定胜天的鲜明主题。

整个园区以高度的递增从上至下分为三层,主要包括模型展示厅、万年江底石、大江截流石、三峡坝址基石、银版天书及坛子岭观景台等景观,还有壮观的喷泉、秀美的瀑布、蜿蜒的溪水、翠绿的草坪贯穿其间,放眼望去,静中有动,动中有静,仿佛置身于美妙的乐园。

1)《润生源》浮雕群

坛子岭的坛体四面是一组大型铜板浮雕,名为《润生源》。正面是3位雄壮的男性携手在水流中旋转,形同水轮机蜗壳,表现了万物以水为生的强大力量。其上为虎,下为凤,表达出三峡工程的地理与文化背景。三峡坝区位于巴楚之间,古代巴人尚虎,楚人崇凤。再往两边,上游一侧是一位现代男性和大禹的形象相叠,大禹手持铁铲,显示中华民族治水的悠久传统,该现代男性手持三峡坝址基石岩芯,象征现代水能利用的科学观念。他们的背景有传说中帮助大禹治水后来化为巫山十二峰的仙女,还有三峡大坝建设和库区移民的场景,等等。相对应的下游一侧的浮雕中心人物是一位现代青年女性与一位仙女,手持花朵、果实,背景有植物、动物,还有东方明珠、上海码头、外滩大楼、巴楚乐舞、大足石刻等,反映了三峡工程对生态环境、沿江经济发展及旅游业等的促进作用。背面一块浮雕中心部位是传说中黄牛助大禹治水合力开峡的景象,山石和流水向两侧展开,下面有纤夫、船夫、埋葬水难者的白骨塔、漂在水中的孩童和房屋等,场面十分悲壮。

《润生源》浮雕群

2) 万年江底石

这块江底石是二期工程修围堰基坑时从基坑里挖出来的,为花岗岩质地,重达20多吨,上面还有早期水电专家、地质勘探者考察坝址时用钻探机留下的一些钻孔。万年江底石是习惯上的说法,实际上它距今已有8亿年的历史了。人们可以从它身上了解长江古老的过去,它凝聚着中国几代人的梦想,现在梦想正在慢慢成为现实,使无数中国人不断激励自己,勇往直前,开拓未来。

万年江底石

3) 大江截流石

这块重达28吨的截流石是一种象征性的标志,实际上所用截流石的重量只是它的1/2。它的形状很有特色,是三角四面体,因为这是稳定性最好的三维体,抛下水后能迅速地插到水下的淤泥中,并且相互契合,从而很好地阻挡水流对它的冲击。它已经成为现代水利工程的象征物。截流石下方是一个直径20米的下陷式广场,上面是一个八卦图,象征着四面八方的人支援三峡工程的建设和三峡工程建设的天时地利人和。

4) 三峡坝址基石

这块圆柱形的石头就是三峡坝址基石岩芯,是从中堡岛的岩层里钻取出来的,因此极具纪念意义,是三峡工程的历史见证。

5) 银版天书

银版天书是一本巨大的铁书雕塑,上面是三峡工程的有关介绍。这本书象征着中华民族的悠久历史,而今这本史书已经翻到三峡工程这一页,三峡工程的兴建给中华

大江截流石

三峡坝址基石

民族的发展史添上了浓墨重彩的一笔,今后,中华儿女还将创造更多、更大的奇迹,翻开中华民族发展的新篇章。

银版天书

2. 185观景平台

从坛子岭园区逐级而下再转乘区间车来到第二个景区——185观景平台。该观景平台因为海拔185米而得名。这里位于坝顶公路的左岸端口处(长江北岸),与坝顶齐高。当人们来到观景平台时,可以用几乎平视的角度近距离观看三峡大坝。

从左手方向看去,是已经修建完工的拦河大坝的正面。离我们最近的就是垂直升船机。从右手方向看去就是已经蓄水的三峡水库。大坝的正常蓄水水位为175米。从这里可以一览无余地近观大坝的背影和高峡出平湖的壮丽景观,可以近距离向下俯视泄洪场景,感受雷霆万钧的洪流被踩在脚下。拦河大坝、双线五级船闸、垂直升船机、左右岸发电站厂房、右岸地下电站发电厂房共同打造了这颗璀璨的三峡明珠。

3. 截流纪念园

截流纪念园是一个以展现三峡工程截流的壮观景象为主题的综合性公园,它于2005年9月26日正式对外开放,是一个集游览、科普、表演、休闲等功能于一体的国内首家水利工程主题公园。截流纪念园占地面积为9.3万平方米,投资达3000多万元。景区分为入口区、演艺眺望区、遗址展览区和游乐休憩区四大区域,由截流记事墙、演艺广场、亲水平台、幻影成像、大型机械展示场、攀爬四面体、平抛船等十几个景观组成。

185观景平台

截流纪念园

截流是水电工程建设最激动人心的场景,是三峡工程建设史上具有里程碑意义的事件。两次截流的综合技术难度世所罕见,但都取得了一系列技术创新的成果,使我国的河道截流技术跃居世界领先水平。截流纪念园正是紧扣长江截流这一主题,再现了这个改造自然的惊人壮举,体现了"人定胜天、天人合一"的截流文化主题精神。在整个园区的景观设计上,紧扣主题,表现了长江、大坝、工程等鲜明的形象特征,营造出了水利工程所特有的遗迹景观效果,尽可能保留了原址上一些工程堆料和物件,如用于支撑堆放砂石料的隔墙、截流时留下的四面体,还有重达77吨装卸车等大型施工机械。

写着"截流再现"四个金色大字的地方就是截流再现放映厅,放映厅采用现代高科技的成像技术,直观生动地向大家再现长江三峡的截流过程,让我们对大坝的历史有了更加深刻的认识。

知识活页:
高峡出平湖

同步测试:
与三峡
有关的诗词
有哪些

截流再现放映厅

二、三峡大坝导游讲解思路分析

导游人员在带领游客游览三峡大坝时,通常在游客中心下车后,会换乘景区交通车进行游览。第一站为坛子岭园区,第二站为185观景平台,第三站为截流纪念园。关于三峡大坝有很多内容可以讲解,根据其游览顺序,结合导游考试面试的时间要求,考生可以选择自己喜欢的内容作为主要讲解内容。例如,三峡大坝工程介绍、三峡坝区主要景区的介绍等。接下来我们就以三峡大坝工程介绍为中心,形成的三峡大坝导游讲解的基本思路如下。

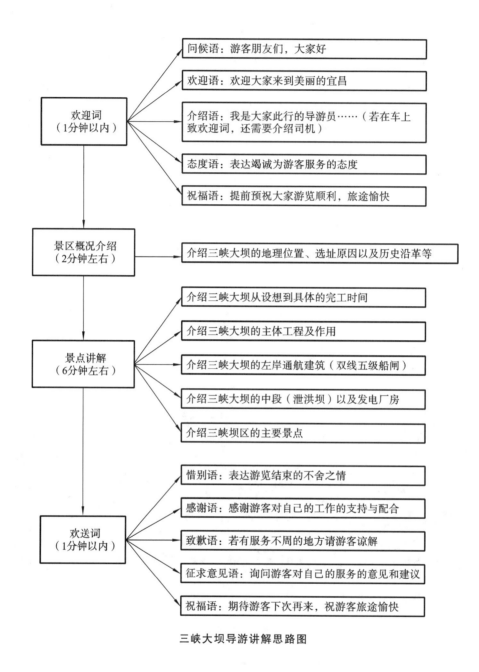

三峡大坝导游讲解思路图

三、三峡大坝参考导游词及讲解范例

三峡大坝导游词

游客朋友们：

　　大家好！欢迎来到"三峡明珠，世界电都"——宜昌市，我是此次带领大家游览三峡大坝的导游员小张，前面为咱们开车的是驾驶经验丰富的李师傅。我们对远道而来的大家表示最热烈的欢迎。在接下来的行程中,我们会竭尽全力为各位提供优质的服务。希望我的讲解和三峡大坝壮丽的风光能给您留下一段美好的回忆。

宜昌古称夷陵,因"水至此而夷,山至此而陵"而得名;又因地扼长江三峡之口,故有峡州之称。正因为宜昌具有独特的地形地势和丰富的水资源,我国在这里建设了世界第一大水利工程——三峡大坝。今天,我们将经过享有"公路桥梁隧道博物馆"之称的三峡专用公路,进入封闭式管理坝区,一睹三峡工程的壮观场面,同时还可以享受幽静的峡谷风光。

在到达三峡大坝之前,我先给大家介绍一下三峡工程的概况。长江三峡水利枢纽工程是目前世界上规模最大的水利工程,也是我国有史以来建设的最大型的工程项目。1994年正式动工,2003年6月1日开始蓄水发电,2009年三期工程全部完工,2020年11月1日完成整体竣工验收。主体建筑由横跨长江的拦河大坝、位于其中段的泄洪坝段、左右岸发电厂房及通航建筑物组成。今天我们将游览的是坛子岭园区、185观景平台、截流纪念园这三个景点。

我们现在所看到的是三峡工程的1∶1250的微缩模型,它反映的是三峡工程全面竣工之后的坝区景观。先来看一下我们目前所处的位置吧!这里就是坛子岭园区了,叫这个名字是因为它的山体形状酷似四川人做泡菜的坛子倒扣在山顶上而得名,海拔262.48米,只要大家登上坛子岭的顶部观景台,就可俯瞰三峡坝区的施工全貌,饱览西陵峡的秀丽景观和秭归新县城的远景。模型上的蓝色水流代表长江,长江的左岸右岸是如何区分的呢?面对长江下游,大家的右手方向为右岸,也就是通常所说的长江南岸,相对地,大家的左手方向为长江的左岸,即为长江北岸。现在大家可以走出模型室,去看一下这边巨大的铁书雕塑——银版天书。我可以毫不夸张地告诉大家,它是目前我国最大的一本"书"。大家看到这本"书"已经被翻开,上面记录着三峡工程的有关介绍。现在大家可以登上坛子岭亲自感受一下三峡大坝的全貌。

游客朋友们,接下来我们将乘坐观光车前往下一个景点185观景平台。因其海拔高达185米,所以取名185观景平台,它与大坝的坝顶是等高的。拦河大坝以185观景平台为左岸起点,延伸到长江南岸的白岩尖,轴线全长2309.47米,属于混凝土重力坝,大坝建成后,坝顶形成了一条沟通江南与江北的公路,宽度为15米,大坝底部宽度为124米,如果从侧面看这个大坝剖面,它呈现为直角梯形,大坝的海拔高程与185观景平台等高,为185米。这样,万里长江就在西陵峡中段被拦腰截断,从三峡大坝直至上游重庆的600多千米的水路就将形成一个天然的河道水库,水库容量为393亿立方米,正常蓄水位是175米,洪水来临之前,将水位降低至145米,这样防洪库容量可达到221.5亿立方米。

请大家往左手方向看,这是拦河大坝的正面。离我们最近的就是垂直升船机。从右手方向看就是已经蓄水到165米水位的三峡水库。当大坝的正常蓄水水位达175米时,也就是我们脚下的10米高度的地方。现在我们下车就可以一览无余地近观大坝的背影和高峡出平湖的壮丽景观。在这里我们可以近距离向下俯视泄洪场景,看滚滚洪流从脚下奔腾而过。拦河大坝、双线五级船闸、垂直升船机、左右岸发电站厂房、右岸地下电站发电厂房共同打造了这颗璀璨的三峡明珠。相信大家身临其境地感受这项伟大的工程,心中的自豪感一定是溢于言表的!

　　游客朋友们,马上我们将要到达的是最后一个景点——截流纪念园。如果说在坛子岭园区和185观景平台看三峡大坝和泄洪闸令人荡气回肠,那么到三峡截流纪念园参观则是抒情满怀。现在请大家和我一起在游览中回味一下这段历史吧。

　　截流纪念园是以三峡工程的截流为主题,集游览、科普、表演、休闲等功能为一体的国内首家水利工程主题公园。大家所看到的这个景区占地面积9.3万平方米,投资3000多万。景区分为入口区、演艺眺望区、遗址展览区和游乐休憩区等区域,由截流记事墙、演艺广场、亲水平台、幻影成像、大型机械展示场等十几个景观组成。

　　截流是水电工程建设最激动人心的场景,1997年进行的大江截流和2002年进行的导流明渠截流,是三峡工程建设史上具有里程碑意义的事件。两次截流的综合技术难度世所罕见,并且都取得了一系列技术创新的成果,使我国的河道截流技术跃居世界领先地位。截流纪念园紧扣长江截流这一主题,再现了这个改造自然的惊人壮举,体现了"人定胜天、天人合一"的截流文化主题精神。现在大家看到的写着"截流再现"四个金色大字的地方就是我们的截流再现放映厅,这里可采用现代高科技的成像技术,直观生动地向大家再现长江三峡的截流画面。大家看着这些画面是否仿佛置身于那热火朝天的建设场景之中呢?

　　游客朋友们,看完了截流再现的这些历史见证,大家心中应该充满了感慨与感动吧!在感慨之中我们今天的行程也即将结束。非常感谢大家对我工作的支持与配合。同时,如果我的工作中有什么做得不好的地方还请大家多多批评指正。希望以后能有缘和大家再次相逢,为大家提供更好的服务。最后,祝大家旅途顺利、身体健康!谢谢!

三峡大坝
模拟导游
讲解视频

任务五　古　隆　中

任务描述

　　古籍记载:襄阳城西有山,隆然而中起,号曰隆中。隆中可谓"地于山而得名,山于人而得灵",这个给隆中山增添灵气的人就是诸葛亮。隆中是当年诸葛亮躬耕隐居之地,自刘备三顾茅庐请他出山之后,这里就作为他曾经生活过的地方一直被后人敬仰。

　　本任务对襄阳古隆中景区进行了较为全面的介绍,包括地理位置、历史沿革、景点分布等,详细介绍了古隆中景区的各个景点,并解析了游览古隆中景区的常规线路和讲解思路,提供了参考导游词和导游讲解的视频资料。

任务目标

　　掌握古隆中景区主要景点的相关内容,了解景区的基本概况,熟悉景区的历史文化背景知识,理解古隆中景区的讲解思路,通过本任务的学习能进行古隆中景区的模拟导游讲解。

古隆中景区

一、古隆中景区认知

(一) 古隆中景区概况

1. 地理位置

古隆中景区位于湖北襄阳以西13千米的西山环拱之中,景区面积为209平方千米。据《舆地志》记载:"隆中者,空中也。行其上空空然有声。"隆中因此而得名。这里是三国时期杰出的政治家、军事家、发明家、文学家诸葛亮青年时代隐居的地方,至今已有1700多年的历史。著名的刘备"三顾茅庐"的故事和兴汉蓝图"隆中对策"都发生在这里。景区内群山环抱、松柏成荫,自然环境优美,人文古迹众多,是一处融历史人文景观与低山岳陵风光为一体的风景名胜区。

2. 历史沿革

古隆中是一个以诸葛亮故居为主体的风景名胜区,拥有丰富的人文景观和优美的自然环境。它起源于西晋永兴年间,明代形成了"隆中十景",即草庐亭、躬耕田、三顾堂、小虹桥、六角井、武侯祠、半月溪、老龙洞、梁父岩、抱膝亭。新中国成立后又先后修建了隆中书院、诸葛草庐、吟啸山庄、铜鼓台、观星台、棋盘石、琴台等众多景点。

诸葛亮画像

诸葛亮本是山东沂南人,幼年失去了双亲,后随叔父至荆州,17岁时叔父亡,来到襄阳隆中,在此抱膝高吟、躬耕陇亩长达10年之久,"每自比于管仲、乐毅"号称"卧龙"。后来刘备"三顾茅庐",诸葛亮全面分析了天下群雄割据局势,提出了三分天下,而后一统天下的谋略,这就是著名的"隆中对"的故事。

1994年经国务院审定,古隆中被列为国家重点风景名胜区;1996年经国务院审定,古隆中为全国重点文物保护单位;2020年1月7日,古隆中被文化和旅游部评为国家5A级旅游景区。

3. 景点分布

"山不高而秀雅,水不深而澄清;地不广而平坦;林不大而茂盛"。古隆中景区位于群山环抱之中,景区内有隆中山、乐山、大旗山、小旗山及其所属的谷地。主峰隆中山海拔 306 米,起伏盘旋,势若蟠龙;隔谷相望的大旗山,一头高昂,另一头缓缓下垂,形如卧虎;山上茂林修竹,郁郁葱葱,望之巍然深秀;山下有泉水、池塘,山涧小溪流水潺潺。

整个景区以诸葛亮故居为主体,包括古隆中、水镜庄、承恩寺、七里山、鹤子川五大部分。景区植被覆盖率达到 60%—70%。植物有 418 种,包含牡丹、银杏、木本绣球、珙桐、皂角、丹桂、乐昌含笑、龙爪槐和刺楸等。景区拥有众多古树名木及陆续建成的牡丹园、樱花园、梅园、竹林、水杉林等木本植物景观,以及郁金香园和自然式的草地等人工草本植物景观。全国首台大型实景影像话剧《草庐·诸葛亮》在此上演,通过采用现代多媒体影像技术和先锋话剧交叉融合的展现形式,从细节入手,重现了刘备"三顾茅庐"踏雪寻才、黄月英出嫁、赤壁火烧连营等多段三国历史,再现了"智圣"诸葛亮传奇的一生。

(二) 古隆中景区主要景点介绍

1. 石牌坊

石牌坊是隆中的标志性建筑,清光绪十九年(公元 1893 年)所建。仿木结构,四柱三门楼式。高约 6 米,宽约 10 米。牌坊正中的字碑上雕刻"古隆中"三个大字,左右两边刻有的"澹泊明志""宁静致远"的名句出自诸葛亮《诫子书》,意为恬静寡欲,志向才能明确;安宁清静,目标方可远大,苦学积才,明志致远。上、下枋面浮雕为渔樵耕读及二龙戏珠,中间的门柱两侧正面上雕刻"三顾频烦天下计,两朝开济老臣心"。此联摘自杜甫《蜀相》一诗。唐肃宗上元元年(公元 760 年),杜甫拜谒了成都武侯祠,时值国家多难,当时他在政治上遭到打击,于是触景生情,写下了这首诗。这首诗讲述了公元 207 年,刘备为了兴复汉室,三顾草庐以求天下大计。诸葛亮感激刘备三顾之恩,辅佐刘备开创蜀汉基业,匡济刘禅巩固、发展蜀汉大业,表现了诸葛亮的一片忠心。

在牌坊背面刻着"三代下一人",即高度称颂诸葛亮是夏、商、周以后的第一人杰。中间门柱两侧刻有"伯仲之间见伊吕,指挥若定失萧曹"。此联选自杜甫于唐代宗大历元年(公元 766 年)初夏到夔洲(今四川奉节)期间写的《咏怀古迹五首》之五。对联称颂诸葛亮的文韬武略与伊尹(商汤佐臣)、吕尚(周代齐国始祖,俗称姜太公)不相上下,指挥调度从容镇定连萧何(西汉第一任丞相)、曹参(西汉大臣,曾任齐相 9 年,后继萧何为汉惠帝丞相)与之相比都显得逊色。

2. 躬耕田

诸葛亮在隆中居住时,和弟弟诸葛均一起开荒种地,过着自给自足的躬耕生活。

知识活页:
诸葛亮

古隆中石牌坊

1984年,古隆中景区在躬耕田的中间立单檐庑殿顶式亭阁一座,亭上方有"田园淡泊"匾额,亭中是2002年中央军委前副主席刘华清到访隆中时所题写的"躬耕陇亩"碑。每逢春季,亭阁周围金黄的油菜花遍布,仿佛述说着青年诸葛亮的隐居时光。

躬耕田

3. 小虹桥

小虹桥是诸葛亮隐居隆中时,出入必经之桥。该桥小巧玲珑,如虹跨溪,初建时为拱形。刘备冒大风雪第二次到隆中拜访诸葛亮时,与诸葛亮的岳父黄承彦在此桥相遇,当时黄承彦触景生情,雅兴勃发,于是高吟:"骑驴过小桥,独吟梅花瘦。"刘备见状,误以为是孔明,便立即下马,趋前问候。因在小桥处发生了这段趣事,小虹桥便一直作为古隆中的一个景点,为后人所珍视。

明弘治二年(公元1489年)后,随着草庐位置的下移,小虹桥也随草庐下迁而东移。明朝时广德寺住持大云和尚曾募捐修此桥。《造小虹桥碑》描述当时的小虹桥为,"雨济长空横素影,云收大地露真形,水从半月溪边过,人在苍龙背上行"。拱桥朽坏以后,改为青石板桥。1984年隆中风景名胜区管理处(现隆中管委会)新建石质小虹桥,恢复了拱形,两旁安装了雕花石栏板,桥体隽秀,并立石碑以记其事。

小虹桥

4. 武侯祠

武侯祠始建于东晋,是供奉诸葛亮的祠宇,位于隆中山腰,后历经隋、唐、宋、元、明、清、民国,兴废频仍,现今建筑为清康熙三十八年(公元1699年)荆襄观察史蒋兴岂重建。武侯祠为四进三院的层台建筑,各殿依山势逐次升高。祠堂正前方的台阶下有一块空地,两旁各有一尊石狮。西侧竖着一块碑,刻着历史学家谭其骧关于诸葛亮躬耕于此的论断:"诸葛亮躬耕于南阳郡邓县之隆中,在襄阳城西二十里,北周省邓县,此后隆中遂属襄阳。"

武侯祠的一殿前檐正中置一竖匾"汉诸葛丞相武侯祠",石质的门楹刻有楹联:"岗枕南阳依旧田园淡泊,统开西蜀尚留遗像清高。"殿内正中有一尊诸葛亮的铜像,是2001年浙江兰溪诸葛村的诸葛亮后人赠送的,据说是唯一一座按诸葛亮真人比例打造的铜像。史载,诸葛亮身高八尺[①]。铜像的身后是一幅白虎图,铜像之上的匾额为董必武于1965年题写的"卧龙遗址"四个镏金大字。殿的两边是历代名人的文章,如习凿齿的《诸葛忠武侯赞》等。

古隆中武侯祠

从一殿后面拾级而上进入二殿,二殿建筑形式与一殿相仿。殿门两边有几副楹联,其中让人印象最深的一副是:"画三分烧博望出祁山大名不朽,气周瑜辱司马擒孟获古今流传。"此联可以看成是对诸葛亮生平事迹的高度概括。祠内楹柱上写着:"伯仲之间见伊吕,先生有道出羲皇。"殿正中为郭沫若题的字:"志见出师表,好为梁父吟。"

二进殿的后面为中院,有左右廊房,院中有两棵参天古柏。两边为刘备部下的文臣武将泥塑像12尊。左边是文官,分别为费祎、向朗、习珍、马良、蒋琬、庞统;右边是武将,分别为邓芝、廖化、向宠、习珍、马谡、诸葛均。

二殿后为过殿,殿内为诸葛亮生平简介。

四进殿为武侯祠的正殿,殿内塑有诸葛亮及其子诸葛瞻、孙诸葛尚一家三代英烈的塑像。居中而立的诸葛亮羽扇纶巾,凝目沉思。诸葛亮塑像的两边为苏童题写的"三顾频烦天下计,两朝开济老臣心",上面正中是襄阳市著名书法家王树人题写的"天下奇才",两边为李铎题写的"志存高远,汉家遗风"。两侧墙壁上挂满了木刻,是历代

---

① 1尺≈0.33米。

文人为诸葛亮所作的文章。

四进殿的东侧为铜鼓台和碑廊。西侧是娘娘殿,供奉的是诸葛亮的妻子黄月英。紧挨着的就是三义殿。殿内刘备、关羽、张飞的塑像栩栩如生。三义殿的走廊两侧分别竖有关羽的青龙偃月刀和张飞的丈八蛇矛枪,此外栏杆、围墙上嵌有49幅有关刘备、关羽、张飞故事的浮雕。以上诸殿都是20世纪80年代之后新建的。三义殿前的静院轩内有一株树龄为400余年的金桂。

5. 三顾堂

三顾堂建于清康熙五十八年(公元1719年),是刘备"三顾茅庐"、诸葛亮"隆中对"的纪念堂。三顾堂是为了纪念刘备三顾草庐而修建的纪念堂。现存三顾堂的主体,是清康熙五十八年(公元1719年)由赵宏恩在三顾堂原址上重建的。三顾堂门口的对联写着"两表酬三顾,一对足千秋","两表"指的是诸葛亮的《前出师表》和《后出师表》,"一对"则是指著名的《隆中对》。三顾堂的命名体现了人们对刘备礼贤下士精神的赞扬和对诸葛亮聪明才智的崇敬。

三顾堂

6. 诸葛草庐

诸葛草庐是诸葛亮当年在隆中卧读躬耕、生活起居之处,电视连续剧《诸葛亮》曾在此拍摄。草庐风格为仿汉式建筑,用于再现诸葛亮当年在隆中饮食起居的生活,内有木牛流马、状元树等物件。

7. 六角井

自诸葛亮离开隆中之后,隆中在历史上曾经历了几次比较严重的破坏,而诸葛亮

诸葛草庐

出山后唯一保留下来的有关他生活的遗迹,就只有这口诸葛亮当年在此居住时用过的水井——六角井,这口井也可以说是隆中的镇山之宝。六角井由砖砌六边形的外观所得名,史料记载井深原有五丈,也就相当于15米左右,虽由于时间久远,井底淤泥沉积,到现在只有5米多深,但依然有水,且清澈见底。六角井背靠隆中山,俗话说"山有多高,水有多深",这也是这口井依然有水的原因。

六角井

六角井最早见于习凿齿《襄阳耆旧记》,文中记载:"襄阳有孔明故宅,有井,深五丈[①],广五尺,曰葛井。"鲍至《南雍州记》记载:"隆中诸葛故宅有旧井一,今涸无水。"盛弘之《荆州记》记载:"齐建武中有人修井,得一石枕,高一尺二寸[②],长九寸,献晋安王。"据文史学者介绍,六角井是判断诸葛亮所居草庐的重要依据,也是后来人们修复隆中遗迹的坐标。

8. 抱膝亭

抱膝亭是清光绪十四年至十九年(公元1888—1893年)湖北提督程文炳在郧襄视察时于赵宏恩所修建的躬耕亭的位置上重建的。相传此处原有一块大石头,诸葛亮隐居隆中时,在闲暇之余会坐在这块大石头上吟唱山东老家的小调《梁父吟》,一方面抒发自己的思乡之情,另一方面抒发自己远大的抱负。整座亭阁在绿茵之中,为六角形,三檐三层,檐角高翘,造型挺秀端庄。亭内有木梯可登楼赏景,别有一番情趣。

抱膝亭

二、古隆中景区导游讲解思路分析

导游人员在带领游客游览古隆中景区时,通常的游览线路是从景区大门游客中心购票进入景区,依次游览石牌坊、躬耕田、小虹桥、隆中书院、武侯祠、三顾堂、诸葛草

同步测试:
介绍
赤壁之战

---

① 1丈≈3.33米。
② 1寸≈0.03米。

庐,六角井、抱膝亭。古隆中景区还有月英花谷等自然景观,游客朋友们还可以在此欣赏实景演出。由于景点较多,考生在模拟导游讲解时可以有所侧重,选择部分景点进行详细介绍。

根据导游词的基本构成部分,结合导游考试面试的时间要求,本书总结而成的古隆中景区导游讲解的基本思路如下。

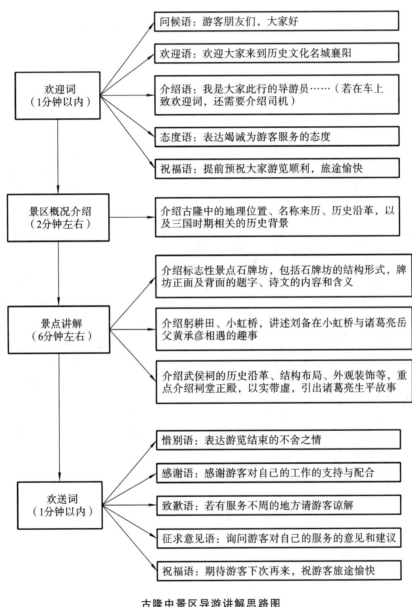

古隆中景区导游讲解思路图

三、古隆中景区参考导游词及讲解范例

古隆中景区导游词

游客朋友们：

　　大家好！欢迎来到历史文化名城襄阳，我是大家此行的导游员小张，前面为咱们开车的是驾驶经验丰富的李师傅。今天，我们即将游览闻名天下的古隆中，在接下来的行程中，我们会竭尽全力为各位提供优质的服务。希望我的讲解和古隆中的千古传说能给您留下一段美丽的回忆。

　　三国故事湖北多，这可不是吹牛。三国演义120回，其中的75回就发生在湖北，而这75回中又有44回发生在襄阳。我们今天要参观的就是三国时期最杰出的政治家、军事家诸葛亮躬耕十年、以待明君的古隆中。隆中位于襄阳城西13千米处，因"有山隆然而起"得名。《三国演义》中对隆中是这样描述的，"山不高而秀雅，水不深而澄清，地不广而平坦，林不大而茂盛"，是一个风景美丽的地方。隆中之所以天下闻名，原因有三个：第一，这里是诸葛亮的躬耕之地；第二，这里是刘备三顾茅庐的所在之地；第三，这里是著名的"隆中对"提出之地。千古奇策"隆中对"的提出对三国形势产生了重大的影响，这就使得隆中成为三国史上的重要地方，成为后世缅怀先贤的名胜地，在历朝历代都得到保护、修缮和建设。

　　大家请看，首先映入我们眼帘的便是隆中的标志性建筑——石牌坊了。清光绪十九年（公元1893年）由湖北提督程文炳主持建造。牌坊高6米，长10米，仿木结构，四柱三门楼式。牌坊的正大门上雕刻着"古隆中"三个苍劲有力的大字。两边的柱上雕刻着唐代诗人杜甫的名句："三顾频烦天下计，两朝开济老臣心。"这两句诗赞扬了刘备三顾茅庐的诚意和诸葛亮业两朝的赤胆忠心。两边的小门上雕刻着"淡泊明志，宁静致远"，出自诸葛亮的《诫子书》，教育其子孙后代恬静寡欲，淡视名利，明确志向；专心致志，除却烦躁的思想，树立远大的目标。

　　现在大家请看一下石牌坊的背面，上方有五个大字"三代下一人"，这是北宋文学家苏轼的一句名言。三代是指夏、商、周三个朝代，这句话的意思是说诸葛亮是夏、商、周以后的第一人杰。古人认为三代及三代以上的人忠厚贤良，三代以下便人心不古了。但是诸葛亮辅先主，佐后主，勋业盖世，所以在此予以高度称颂。两边的门柱上刻着"伯仲之间见伊吕，指挥若定失萧曹"，这也是唐代大诗人杜甫的名句。旧时兄弟排行常以伯、仲、叔、季为序。伯代表老大，仲代表老二。伊尹是指辅商汤灭夏的伊尹。伊是本名，尹为官名。吕是指辅周灭商的吕尚，俗称姜尚，即姜太公。萧是指萧何，曹是指曹参，他们俩都是西汉的丞相，辅佐刘邦起义，功勋显赫，对刘邦战胜项羽建立西汉起到重要作用。这两句话的意思是说诸葛亮的文韬武略与伊尹不相上下，他处理政

务、军事、外交等国事胸有成竹,就连萧何、曹参二人与之相比都显得逊色。

大家继续往前走,荷花池前面的这片花圃便是躬耕田了。诸葛亮在《出师表》中自称"臣本布衣,躬耕南阳"就是指这个地方。穿过躬耕田就到了小虹桥。小虹桥横跨诸葛庙前的小溪中段,是诸葛亮隐居隆中时出入必经之桥。初建的小桥为拱形,相传刘备冒着大风雪第二次到隆中拜访诸葛亮时,与诸葛亮的岳父黄承彦在此桥相遇。刘备一看老人衣着狐裘,谈吐不凡,误以为他就是诸葛亮,便立即下马,趋前问候,闹了一场"错把岳父当女婿"的笑话。因在小桥处发生了这段趣事,小虹桥便一直作为诸葛故迹之一而闻名于世。

游客朋友们,我们继续往前走,去看看隆中山山腰处的武侯祠吧。武侯祠是祀奉诸葛亮的地方。全国大大小小的武侯祠共有100多座,我们襄阳这座可以说是全国第二大、修建时间第二早的了。武侯祠始建于东晋,距今已有约1700年的历史。历代都有翻修,现在保存下来的是明末清初的建筑,砖木结构,为四进三院式布局,一层高于一层。我们看一下祠堂的正门上方悬挂着"汉诸葛武侯丞相祠堂"的牌匾,牌匾下方有三个小石人,代表着福、禄、寿三星,象征着您来隆中拜访诸葛亮,可以顺便将福禄寿一起带回家。在小石人的两边分别有两根彩色的横梁,这个叫作户对,而大门前方的这两面抱鼓就叫门当了,合在一起取门当户对之意。大家再看一看,这个建筑还有一个特点,就是它的门前有四根红色的柱子,上不接天下不接地,叫掀天接地柱,预示着诸葛亮上知天文、下知地理,具有呼风唤雨、扭转乾坤的才能。

我们去武侯祠的里面看一下,头上这块"卧龙遗址"的匾额是董必武老先生于1965年为隆中所题写的。公元197年至207年,诸葛亮隐居襄阳城西不远处的隆中村,在此耕读达10年之久,由于他才华横溢,虽独居隆中,但时人誉其为"卧龙"。匾额下面便是我们的卧龙先生——诸葛亮了,这是全国唯一一座1:1的仿真诸葛亮铜像了,它是2002年诸葛亮的后人为了纪念诸葛亮出山1800周年而捐赠给隆中的。这座诸葛亮铜像手持羽毛扇,身披八卦衣,呈现出一副运筹帷幄、决胜千里之外的姿态。说到这里,大家有没有注意到诸葛亮的手和扇子特别的亮?那是因为我们这一带有一个风俗,认为诸葛亮的扇子代表智慧,手代表好运,所以来隆中的朋友不妨也摸摸他的手和扇子,沾沾好运和智慧。

接下来,我们去武侯祠的主殿看一看。这里竖立诸葛亮一家三代的塑像。诸葛亮,徐州琅琊今山东沂南人,东汉灵帝光和四年(公元181年)出生在一个门第不高的官宦之家。祖父诸葛丰是西汉的一个监察官,父亲诸葛珪曾任泰州郡郡丞,相当于现在的省委书记助理。诸葛亮兄弟三人,哥哥诸葛瑾,弟弟诸葛均,另外,还有两个姐姐。诸葛亮三岁的时候母亲章氏去世,七八岁的时候父亲诸葛珪也去世了,全家的生活靠叔父诸葛玄来安排料理。东汉末年,当地自然灾害连续发生,战乱使人们颠沛流离,百姓被迫背井离乡。13岁的诸葛亮跟随叔父离开山东到荆州避难。诸葛兄弟在荆州刘表办的"学业堂"学习儒家经典。由于刘表外宽内忌,诸葛玄死后,诸葛亮便携带弟弟诸葛均到襄阳城西的隆中隐居,这一年诸葛亮才17岁。直到公元207年刘备三顾茅庐,卧龙出山,整整在隆中隐居了十年。后来更是为了蜀汉基业鞠躬尽瘁,最后于公元234年,病死在陕西定军山,享年54岁。右边是诸葛亮的长子诸葛瞻,左边是长孙诸葛尚,两个人都在三国后期蜀魏大战中战死于四川绵竹,诸葛瞻死的时候只有36岁,而诸葛尚更是不满18岁,真可谓是满门忠烈。

好了,游客朋友们,我们今天的古隆中之旅即将结束。非常感谢大家对我工作的支持与配合。同时,如果我的工作中有什么做得不好的地方还请大家多多批评指正。希望以后能有缘和大家再次相逢,为大家提供更好的服务。最后,祝大家旅途顺利、身体健康!

古隆中景区
模拟导游
讲解视频

任务六　炎帝神农故里

任务描述

本任务对炎帝神农故里景区进行了较为全面的介绍,包括地理位置、历史沿革、名称由来、景区规划等,详细介绍了炎帝神农故里的各个景点,并解析了游览炎帝神农故里的常规线路和讲解思路,提供了参考导游词和导游讲解的视频资料。

任务目标

掌握炎帝神农故里景区的相关内容,了解景区的基本概况,熟悉景区的历史文化背景知识,理解炎帝神农故里的讲解思路,通过本任务的学习能进行炎帝神农故里的模拟导游讲解。

炎帝神农故里景区炎帝雕像

一、炎帝神农故里景区认知

(一)炎帝神农故里景区概况

1. 地理位置

炎帝神农故里景区位于湖北随州厉山镇,距随州西北18千米,316国道、汉丹铁路穿境而过,毗邻大洪山名胜风景区、编钟纪念馆、封江口水库风景区等旅游景点,处武汉至襄阳中间,是去古隆中、武当山的必经之路,交通十分便利,地理位置适中。

炎帝神农故里景区鸟瞰图

2. 历史沿革

炎帝神农这个伟大的名字如同黄帝轩辕,永远铭记在我们的心中!国内学术界引人注目的两次学术研讨,有助于人们理解我们的"祖先情结"。

1990年,现代化奋进中的中国人似乎对传统文化有了特别的热情。这年的11月21日至24日,素以炎帝神农故里著称的随州迎来了省内外30多名著名专家、教授,湖北省社会科学界联合会和随州市人民政府联合举办的首届炎帝神农文化暨炎帝神农故里学术研讨会在这里举行。

随州厉山镇是《左传》《国语》《山海经》《荆州记》等数十种史志所记载的安登生炎帝神农于"烈山石室"的地方。当地还有与文献记载相吻合的遗址、碑刻、传说和一年一度的炎帝神农生辰庆典活动。按当地百姓的说法:"我们世世代代都知晓炎帝神农生在烈山,焚香、祭拜就进行了几千年!"数天之后,专家们的宏论见诸报端:炎帝神农是人不是神,他"植五谷""尝百草"、首倡"日中为市",是神化了的新石器时代南方氏族的优秀代表人物……人们不禁为之折服——炎帝神农之所以名气大、影响大、魅力大,因为他是中华民族的祖先中的代表人物!

炎帝神农在中华文明史上与黄帝轩辕齐名,他们为远古文明的代表与象征。炎帝神农以烈山为源头开创了远古农耕文明,在烈山一带留下了许多遗迹、遗址和相关的地名、传说。同时,烈山附近新石器时代的文化遗存丰富,西有城背溪文化遗址、屈家岭文化遗址和冷皮垭遗址,东南有天门石家河遗址和随州西花园遗址,北有枣阳雕龙碑遗址。这些文化遗存可以进一步丰富以烈山为源头的先秦史考据。因此,1992年中华炎黄文化研究会和湖北省炎黄文化研究会在随州举办炎黄文化与现代文明研讨会时,与会的一位先秦史专家就很有远见地指出:"随州可以成为先秦史研究的基地。"

烈山名胜区有关炎帝神农的史迹、史影丰富,既有反映炎帝神农业绩和当时社会形态的,如九井、日中街、白午集、稻香冲、牧羊墩;也有反映炎帝神农生平的,如炎帝神农洞、炎帝神农碑、炎帝神农的传说;还有反映中华文化源流与影响的,如华夏大宗祠、炎帝神农纪念馆、炎帝神农文化广场;既有可看的,也有可听的;既有历史的,也有民俗的。同时,烈山一带山清水秀,自然景观十分优美,完全可以与同在随州境内的擂鼓墩古文化名胜区、国家级风景名胜区大洪山相连,成为武汉至襄阳、武汉至宜昌的古三国旅游线和长江三峡旅游线上的一个新兴旅游城镇。

我国有各种各样的旅游资源,有自然风光的,当然也有文化的、民俗的,但像炎黄文化这样古老而神秘,且又引人入胜的属于始祖文化的大约只有桥山和烈山。

海外华人,尤其是侨胞,其祖籍多为长江、珠江流域,因此他们怀乡、怀祖的同乡会之类的组织多数称"烈山宗亲会"。他们不忘始祖的诞生之地,心中永远有一座烈山。近年,已有30多个国家和地区的"烈山宗亲会"与厉山沟通联系,我国台湾、香港、澳门地区的同胞到烈山祭祖者络绎不绝。

3. 名称由来

自东周以来,有140多部典籍记载炎帝神农诞生于烈山。例如,《左传·昭公二十九年》记载:有烈山氏之子曰柱为稷,自夏以上祀之。唐代司马贞《史记·补三皇本纪》记载:神农本起烈山,故左氏称,烈山氏之子曰柱,亦曰厉山氏。唐代《括地志》记载:厉山在随州随县北百里,山东有石穴。昔神农生于厉乡,所谓烈山氏也,春秋时为厉国。南北朝《荆州记》记载:随郡北界有九井,相传神农既育,九井自穿。又云浚一井,则众井水皆动。以后各朝代类似记载甚多。北宋《元丰九域志》记载:神农庙,在厉乡村。《郡国志》记载:厉山,神农所出。厉山,炎帝所起也。

早在5000多年前,炎帝神农始作耒耜,教民以农;"耕而食,织而衣""训禽兽,创牛耕";作陶为器,冶制斤斧;筑土构木,造室而居;日中为市,首倡交易;遍尝百草,以疗民疾;观象授时,首创农历,使中华民族自茹毛饮血之蛮荒时代迈向灿烂辉煌的农耕文明。炎帝神农还为我们留下"忧民之利"的民本思想,"为天下先"的创新意识,"填海逐日"的开拓精神,"和合天下"的和谐理念。这些被中华民族世代传承的炎帝精神,乃中华文化之根基。炎帝神农凝聚中华民族之伟力,是激励中华民族前进的永恒动力。数千年来,炎黄二帝被尊为中华民族的始祖,受到中华儿女世代尊崇。

同步案例　　"炎黄子孙"的来历

提到"三皇五帝",我们都不陌生,"三皇"指燧人(燧皇)、伏羲(羲皇)、神农(农皇);"五帝"指黄帝、颛顼、帝喾、尧、舜。"三皇五帝"并不是真正的帝王,指的是原始社会中后期出现的为人类做出卓越贡献的部落首领或部落联盟首领。那么历史上有"三皇五帝",有这么多的部落和首领,为何会有"炎黄子孙"的说法呢?

相传黄帝姬轩辕在炎帝神农跟九黎两部落之东南。当时这三个部落是较为强大的,于是争霸战开始了,姬轩辕怕两面受敌,所以他采取先发制人的策略,突袭炎帝神农部落,在阪泉郊野的大战中击败了炎帝神农部落。姬轩辕乘胜挥军,一直挺进到九黎部落的根据地涿鹿,会战在涿鹿郊野。这是历史上最早也是最有名的大战——涿鹿之战。后来黄帝与炎帝联合起来攻打蚩尤,蚩尤被打败,经过与蚩尤一战之后,黄帝和炎帝的后代不断繁衍,与各个部落不断联姻融合,逐步形成了华夏族,"炎黄子孙"的说法也就出现了。

神农作为华夏太古三皇之一,尝遍百草,教人农耕,发明医药,因此被世人尊称为"五谷先帝""神农大帝"等。

(二)炎帝神农故里景区规划介绍

炎帝神农故里景区总面积171.3公顷,该工程包括修建九拱桥、华夏始祖门、圣火台、谒祖广场、炎帝神农大殿、弯月湖、旭日园,整修功德殿,烈山湖水库扩容,景观绿化等项目。

景区规划设计以"世界华人谒祖圣地"为定位,建设以"建筑返古、环境还野"为特色,以炎帝神农深厚的文化底蕴为依托,以中华儿女寻根谒祖为核心,以体验炎帝神农的农耕文化、医药文化、贸易文化、原始艺术文化等为根本,主要包括寻根谒祖朝圣区、圣迹观光体验区、农耕文化展览区、自然生态景观区五大功能区。

(三)炎帝神农故里景区主要景点介绍

1. 文化雕塑壁

文化雕塑壁位于景区入口,是展现人类在蒙昧时代的混沌的文化墙,石板上雕刻着几何抽象图案的浮雕。几千年前,炎帝神农生活的时代是没有文字的。那时候的先民就和刚出生不久的小孩一样,看到太阳就会画成一个圆圈;看到月亮就画成一个镰刀样的弯儿,正是这些原始的图案,才衍生出中国历史上最早的象形文字。先民们怀着对炎帝的感恩情怀,将美好生活用这些象形文字记录下来。这座文化雕塑壁上的象形文字就是远古先民们农耕生活的真实展现。

入口浮雕

2. 照壁

照壁位于景区入口。古人认为:气不能直冲厅堂或卧室,否则视为不吉利。避免气冲的方法,就是在房屋大门前砌一堵墙,但是,为了保持气流通畅,这堵墙又不能封闭,所以便诞生了中国建筑史上独一无二的建筑结构——照壁,用以避邪藏福。

远古时期,炎帝神农发明刀耕火种,并驯养牛来耕作。因此,炎帝部落的标识是一个刻有"火"或者"牛"的图腾。照壁出现后,散布在中华大地上的炎帝后裔,就在自家照壁上刻牛首或火焰宝珠的图案,以此标志自己的身份。我们眼前的牛首照壁,上刻牛头、下刻火焰宝珠图案,它告诉我们这里就是中华儿女的老家——炎帝神农故里。照壁上面的"炎帝神农故里"六个大字为中国书法家协会原主席沈鹏题写。

照壁

3. 四牛耕作石雕

四牛耕作石雕中的四牛或昂首向前或埋头耕耘,栩栩如生,可以说这是纪念炎帝神农"首创农耕、驯养家畜"功绩最恰当的表现形式。先民们在狩猎的过程中,通过对动物习性的观察,区别出哪些动物是凶猛的,哪些动物是比较容易驯服的,然后便有意识地选择一些比较容易驯服的动物慢慢饲养起来。牛正是炎帝神农发现、驯养并用于农业生产的动物之一。在随州淅河西花园遗址和三里岗冷皮垭遗址中考古专家发现的最早的水牛骨骼正是炎帝神农首创农耕、驯养家畜的有力佐证。

自古相传,炎帝神农为牛首人身,这可能是因为牛是炎帝神农所在的氏族部落的图腾崇拜,后世就将其神化为牛首人身了。当然,这也是对炎帝神农驯养耕牛,首创农耕的形象纪念。

4. 九拱桥与烈山湖

这座九拱桥完全用花岗岩、白砂岩、上等青石等构建而成。桥身有9个拱券,全长117米,数量均是9的倍数。9在中国阳数里最大,地位最为尊贵,以此寓意炎帝神农九五之尊的崇高地位。史书记载,炎帝之母安登梦见七龙子有感生炎帝,所以,桥身和桥面上雕刻着龙凤相依、凤舞龙翔的纹饰。九拱桥横跨烈山湖两岸,像一根纽带连接南北,连通了中华儿女寻根拜祖之路,也联结了大家的虔诚祭拜之情。

四牛耕作石雕

九拱桥与烈山湖

九拱桥下面便是波光粼粼的烈山湖了。水域面积约9.81万平方米。相传,上古时期,烈山九岭由9个怪物占据,为了人间安危,龙王的9个儿子下凡收服了9个怪物,那晚雷雨交加,一道天雷劈来,使这里裂出一道大坑,大雨也稀里哗啦地下了整整一天,雨停之后,先民们走出洞穴,发现这里已经成了一处湖泊,湖水清澈见底,味道甘甜。因此地为烈山,这条湖自然被人们称为烈山湖了;而民间流传的九龙降九怪的故事,便成为当地人把这个地方称为九龙山的原因了。现如今,泛舟湖上,远望整个大殿与九龙山,别有一番风情。

5. 华夏始祖门

华夏始祖门位于核心景区中轴线,九拱桥及圣火广场之间。它采用汉代早期门阙合一的建筑形式,由一个主门和两个侧门组成。主门高6米,侧门高4米,青石构筑,正面和背面分别刻有"华祖""农宗"四个鎏金大字,为中国书法家协会名誉主席张海先生所提。石刻盘龙环绕四周,象征炎帝神农的尊贵地位。炎帝神农因首创农耕被世人奉为"农宗";又因让先民由蒙昧走向文明而被后人奉为"华祖"。

始祖门正面门身上的画像是根据汉代武梁祠中的石雕"炎帝耜耕像"复刻而成,再现了炎帝神农手执耒耜教民耕作的形象,背面雕刻炎帝驯养家畜的丰功伟绩。

华夏始祖门

6. 圣火台

燧人氏"钻木取火"后,炎帝神农"修火之利",把火广泛运用于生产、生活之中,炎帝率领先民在刀耕火种的时候,发现一些烧死的野兽吃起来味道比生吃要可口多了,便发明了用火烹制食物,后又发明烧制陶器,等等。正因为炎帝神农善于取火、存火、用火,也因为火与太阳都给人间带来光明和温暖,特别是人们赖以为生的五谷更离不开太阳,民间便以太阳象征炎帝的功德,所以炎帝也被奉为"赤帝""太阳神"。

一年一度的"世界华人炎帝故里寻根节"开幕式的火种就是在圣火台上点燃的。数千年来，中华儿女，薪火相传，以他们的聪明才智缔造了中华五千年的文明。

圣火台底座为正方形，上端刻有火焰图腾，底座周边刻有龙腾纹饰，相传有神龙相守，供奉华夏最初之火种。很多人来到这里，都会从圣火台的底座穿过，他们说："圣火台中走一走，红红火火全都有。"

圣火台

7. 石灯笼

神农广场台阶下方的左右两边，分别有28个用花岗岩做成的石灯笼，前后8排，每排7个，共56个，每盏石灯笼上面用篆书刻有1个民族的名字。青绿的草坪穿行于石灯笼间，将56个石灯笼有机地组合成一个完整的板块，象征56个民族的文明之光聚集在一起，延续着炎帝神农开创的中华文明之光。

8. 盛世和谐鼎

在谒祖广场可以看到两个屹立的三足圆鼎，左边名为和谐鼎，右边名为盛世鼎。相传最早的鼎是炎帝用黏土烧制的陶鼎。在先秦时期，鼎被视为传国重器，是国家和权力的重要象征，也就是庞大的"传国印玺"，得到鼎便可以为王，所以历史上便有了楚庄王向周定王"问鼎大小轻重"的典故。这两口盛世和谐大鼎，寓意为国家昌盛，社会和谐。

鼎逢盛世，福满华夏，掷鼎有声，福佑全家。人们可以把硬币放在手中，双手合十，面对铜鼎，闭眼许愿、祈福。然后把硬币抛进铜鼎，会听到鼎里传来清脆悦耳的撞击声，相传鼎收到的祈福越多，心愿越能成真。

石灯笼

盛世和谐鼎

9. 谒祖广场

广场长117米,宽117米,为正方形。广场外围由297米的环形路环绕,体现了中国古代先哲们"天圆地方"的宇宙认知理念。广场总面积13689平方米,为9的倍数。采用福建产上等花岗岩铺装,可同时容纳2万人参加拜祖活动。历届"世界华人炎帝故里寻根节"的开幕式暨拜祖大典都是在这里举行的。

谒祖广场

10. 七步登天台

七步登天台共49级台阶,即分7级大台阶,每级大台阶又分为7级小台阶。七步登天台根据天上的北斗七星设计而成,从上到下依次为日、月、金、木、水、火、土,分别对应北斗七星的七大星君,而北斗七星的七大星君代表着不同的福运。例如,文曲星代表人的文运,禄存星则代表人的官运。古人认为,北斗七星位于天上银河的中心枢纽位置,人们在诚心祈福的时候许下的心愿一定会实现。

贯通天地的七步登天台带领人们靠近炎帝神农,让人们感受到来自炎帝神农的灵气,所谓"七上八下",即踏上七步登天台,每踏一步,福运相互连接,踏完7级大台阶,则福运全部汇聚在一起,寓意着今后的人生会迈大步、行大运。

11. 旭日园、弯月湖

旭日园、弯月湖分别位于谒祖广场的东西两侧,和谒祖广场、环形树阵共同构建了一个"天圆地方、日月同辉"的景观。旭日园外圆路宽3.6米,半径24.5米;内圆路宽4.6米,半径9米;八卦园半径3.6米。弯月湖位于炎帝神农大殿西南侧,占地面积约4000平方米,湖内水容量约为2万立方米。

12. 八大功绩柱

八大功绩柱采用产自福建的编号606的优质花岗岩雕刻而成,高9.9米,直径1.27米,示意炎帝在中华文明发展史上至高无上的地位。八大功绩柱以图腾柱的形式分布组成一组雕塑,用写实的手法,生动的画面,通过能工巧匠的精雕细刻,充分体现炎帝神农在中华文明发展史上的丰功伟绩。西侧从南到北依次为削桐为琴,练丝为

七步登天台

旭日园、弯月湖

弦;合榭而居,安居乐业;治麻为布,首创纺织;首创农耕,发明种植;东侧从南到北依次为日中为市,首创交易;作陶为器,冶制为斧;遍尝百草,发明医药;首创耒耜,教民耕耘。两侧分列展开一组充满诗意的画卷,既富有灵巧的装饰效果,又不失庄重大方的雕塑意味。顶部雕刻盘龙和玉琮,龙是中华民族图腾的象征。设立八大功绩柱雕塑,意在弘扬中华民族灿烂的历史文化,对重拾民族自豪感和凝聚力具有深远的现实意义,能够激励人们承先启后,为中华民族的伟大复兴而团结奋斗。

13. 炎帝神农大殿

炎帝神农大殿提取汉代画像石、画像砖中建筑形象设计而成。采用庑殿顶、三重

八大功绩柱

檐、高台基的建筑形式,这些均是对早期楚汉高台建筑大尺度的空间构建方法和早期大空间的建筑空间组合的运用和提炼。大殿面阔9间。炎帝神农大殿当心间高10.8米的石券门直达二重檐,既是炎帝时期穴居生活和神农洞的象征,又有早期古朴自然的建筑技术风格隐喻;三重花岗岩台基体现炎帝神农的崇高地位;展现历史上荆楚地区高台建筑的地域建筑风格。大殿两边的钟鼓楼以简练的石亭形制和小巧的尺度来衬托大殿的雄伟壮阔,并在立面构图上与大殿在视觉上形成稳定的三角形。神农大殿建筑平面柱网面阔9间,以反映历史上荆楚以九为尊的地方文化内涵,同时也隐喻炎帝神农故里九龙山的含意。在平面布局上,炎帝神农大殿由内外两圈石柱围合而成,外圈柱36根,象征36天罡,入口处的4个方形石墩柱上分别雕有炎帝神农画像及图腾,一方面隐喻着四季及炎帝神农恩泽中华大地,另一方面也是对楚汉建筑特有建筑形式的抽象再现。炎帝大殿外廊的36根柱子,通高9.9米,全部采用整体花岗岩中间钻孔,与整体石质柱础安装定位后再现场浇注钢筋混凝土柱,高超的施工技术确保了无缝石柱的高度整体性和雄浑效果,显示出无与伦比的恢宏气势。1.5米的平座斗拱采用整石砌筑与混凝土梁插连接的方式,以模仿传统建筑的榫卯结构。石门为了保证永固耐用和古朴雄厚的气势,没有采用传统的石材干挂形式,而是通过20厘米厚的花岗岩砌筑而成。二、三重檐之间运用传统建筑抱厅的处理方法,形成高侧窗,解决了大进深室内采光的问题,也通过从屋顶投下来的光线处理,为大殿平添了神秘浪漫的气质。大殿外廊尺寸为46.8米×36.8米,内壁尺寸为37.2米×27.2米。大殿内墙裙布置展现了神农功绩的石质浮雕,大殿顶部为长方形,刻有祥云浮雕。

14. 钟鼓楼

钟鼓楼分布在大殿左右两侧,一个为钟楼,另一个为鼓楼,所谓晨钟暮鼓,但凡有

炎帝神农大殿

灵气的地方都会有钟楼和鼓楼。"鼓"通"谷",有炎帝神农分五谷的含义在里面。"五谷"意为"天谷""地谷""悬谷""风谷""水谷",但"天""地""悬""风""水"所代表的"五谷"并不一定都是谷物。例如,"天谷"指诸如稻、谷、高粱、麦等果实长在头顶的作物;"地谷"指诸如花生、番薯等果实长在地面下的作物;"悬谷"指诸如豆类、瓜类等果实在枝蔓上的作物;"风谷"比较特殊,指玉米,即通过风传播花粉,将头顶花粉吹到作物中节长出的须上从而结出果实的作物;"水谷"指诸如菱角、藕等果实生长在水中的作物。神农分五谷,教民以植,耒耜的使用和种植五谷,解决了民以食为天的大事,促进了农业生产的发展,为人类由原始游牧生活向农耕文明转化创造了条件。五声鼓响[①],让我们铭记炎帝对中华民族做出的巨大贡献。今天我们以鼓传音,感念炎帝功绩。

15. 万法寺

万法寺位于烈山的耕耘山山巅,始建于唐贞观二十二年(公元 648 年),是随州古代名刹、佛教圣地之一,有"百川汇海,万法朝宗"之誉。万法寺历时 1300 多年,经历朝历代复修扩建,原寺已不复存在。为发展风景区的旅游事业,落实党的宗教政策,随州于 1991 年重阳节按照历史原貌修复了万法寺的大雄宝殿等殿,完成了第一期工程。2009 年,根据景区统一建筑风格的要求,再次进行整修。万法寺由山门、大雄宝殿和两间偏殿组成。山门口雄立着一对白狮。正面是大雄宝殿,两边偏殿也都供有神像,姿态各异,形象逼真。

---

① 五鼓辞:一鼓天,无佛无道心不空;二鼓地,无花无酒无伤痛;三鼓悬,有山有水真性情;四鼓风,有始有终是真龙;五鼓水,至圣至明炎帝颂。

钟鼓楼

万法寺

16. 神农洞

神农洞相传是炎帝神农诞生的地方。

17. 百草园

百草园是为纪念炎帝神农尝百草而建的。上古时期多瘟疫,炎帝神农为救黎民百姓,敢为天下先,遍尝百草,先后发现各种可以治病的中草药,而这其中,首推生姜。据传,炎帝神农在劳作的过程中,突感头痛发热,呼吸也越来越急促(中暑),就在这命悬一线之际,他发现身边有一丛长得绿油油、颇似竹子的植物,便顺手拔了一株,刮去根

知识活页:
炎帝神农
诞生的传说

同步测试:
还有哪些
关于炎帝
神农的传说

神农洞

茎上的泥土,塞在口中咀嚼,其味道虽然辛辣,但头晕的症状马上就得到缓解,呼吸慢慢顺畅,不适的感觉逐渐消失,因为这种植物救了自己的命,炎帝为了表达自己的感激之情,便将这个植物命名为"生姜"。现在,百草园内种植着各种不同的中草药。一方面,是为了纪念炎帝神农遍尝百草的奉献精神;另一方面,为以后景区建设养生馆做准备。

百草园

18. 功德殿古建筑群

功德殿古建筑群是由清华大学徐伯安教授主持专家组设计的一组秦汉风格建筑群，整体高大雄伟，外观威严庄重。功德殿古建筑群总占地面积10320平方米，建设面积2466平方米，由日月门、天门、碑苑和功德殿组成，是景区重要景点之一，用于集中展示炎帝神农对人类社会发展的突出贡献。神农井位于功德殿中心广场，为烈山九井之一。

功德殿

19. 神农碑

神农碑是明代万历年间随州知州杨存愚为祭祀炎帝神农而立，是景区最古老、最具价值的文物，也是炎帝神农诞生在随州厉山最有力的实物证明。碑身由玉石凿成，高2米，宽1米，重数吨，碑座用108块青石板砌成，距今已有400多年的历史，碑上刻有"炎帝神农氏遗址"几个字，现在仍清晰可辨。安徽桐城诗人何松涛曾赞道："九烈山梁挺巨碑，民族伟树根可追。纵然风雨沧桑变，也教炎黄儿女归。七字凝结四海意，一石绽放五洲眉。神农灵在应堪慰，仰赖阳翁寸草晖。"

20. 炎帝神农立像

2009年5月20日，首届"世界华人炎帝故里寻根节"成功举办，海内外寻根文化不断升温，应众多海内外中华儿女的愿望，2009年下半年，在湖北省炎黄文化研究会的倡导下，湖北省人民政府批准同意炎帝神农故里景区修建炎帝神农立像。经过近半年的修建，炎帝神农立像于2010年6月8日寻根节正式与海内外中华儿女见面，各方反响十分强烈。

目前，这尊雕像是全球最高的炎帝神农立像。很多游客在刚进入随县县城时就可以看到这尊巨像。雕像面朝东南，东南方向的316国道、绕城路是大家寻根谒祖的必经之路，而炎帝神农立像就屹立在这里注视着前来寻根谒祖的人们。

神农碑

炎帝神农立像与大殿里的炎帝神农坐像同为中国美院设计,大像通体白色,由花岗岩材料制成,按中国传统的计量单位设计而成,全像高度为157.6米。底座为正方形,边长56尺(约18.67米),意为中华56个民族;底座高度为42.6尺(14.2米),代表着炎帝神农的诞生之日为农历四月二十六;像身高95尺(约31.67米),寓意炎帝神农在中华民族历史上的九五之尊地位。这尊立像投资3000多万元,其中相当一部分为海内外中华儿女捐赠。

炎帝神农立像

二、炎帝神农故里景区导游讲解思路分析

导游人员在带领游客游览炎帝神农故里景区时，通常的游览线路是从景区大门进入，依次游览沿途景点，最后到达神农大殿。参观完神农大殿以后，直接前往炎帝神农立像。此时，导游讲解结束，游客可以自行参观拍照，最后在指定位置集合，登车。

根据导游词的基本构成部分，结合导游考试面试的时间要求，本书总结而成的炎帝神农故里导游讲解的基本思路如下。

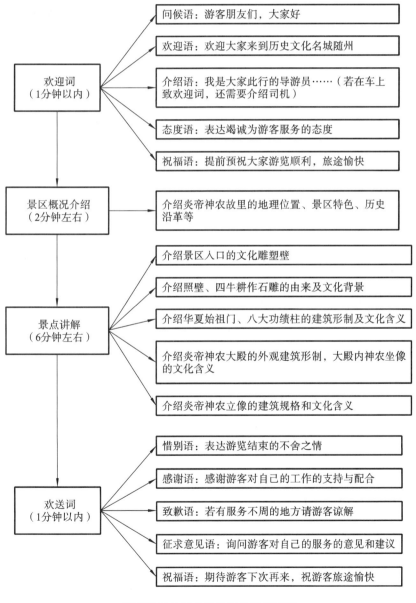

炎帝神农故里景区导游讲解思路图

三、炎帝神农故里景区参考导游词及讲解范例

炎帝神农故里景区导游词

游客朋友们：

大家好！欢迎来到美丽的随州，我是大家此行的导游员小张，前面为咱们开车的是驾驶经验丰富的李师傅。今天，就由我们陪同大家一起畅游炎帝神农故里景区，在接下来的行程中，我们会竭尽全力为各位提供优质的服务。希望我的讲解和炎帝故里的美景能给您留下一段美好的回忆。

在到达景区之前，我们先来认识一下这位伟大的祖先——炎帝神农氏。据史载，炎帝神农氏是我国上古时期一个强大的部落首领，他同黄帝轩辕氏共同创造了长江、黄河两大流域的古代文明。早在5000多年前，炎帝神农就创耕耘、植五谷、尝百草、疗民疾，实现了男耕而食、女织而衣、日中为市。因此，炎帝神农同黄帝轩辕一样都是所有中华儿女的骄傲。

炎帝神农故里景区位于随州市随县厉山镇，景区现拥有照壁、四牛耕作石雕、圣火台、谒祖广场、炎帝神农大殿、炎帝神农立像、神农纪念馆、神农碑、百草园、神农洞等20余处人文和自然景观。

好了，现在我们已经到达了炎帝神农故里景区的大门，首先映入我们眼帘的是炎帝神农照壁，高8米，宽10米，四柱三间四楼式，雕梁画栋，盘龙绕凤，横匾上雕刻着"炎帝神农故里"六个金色大字。经过横跨在龙脉河上的神农桥，就进入炎帝神农文化广场，广场由前后烈山门和4座角楼及四周的文化长廊组成，广场占地面积3300平方米，广场中央巍然屹立着高9米的汉白玉帝神农雕像，他左手执五谷，右手拿灵芝，傲然挺立，气宇轩昂，像一棵搏风击雨的不老松。在广场四周的文化长廊里展示着中央领导人和海内外名人名家到此参观时留下的墨宝。

穿过文化长廊，我们就到了神农纪念馆，纪念馆有5个展厅。

第一展厅，悬挂着炎帝神农的巨幅油画像，两旁配着"华裔仰始祖，天晴赖奇功"的对联，在大厅左面悬挂着神农祭文，展厅中央陈列着炎帝神农烈山风景名胜区总体规划方案模型。大家请看，这是神农大道也就是316国道，在国道旁边的是神农牌坊，我们穿过神农桥，就到了神农文化广场，这里是我们现在所处的位置——神农纪念馆。

现在我们来到的是文史展厅，也就是纪念馆的第二个展厅。从厉山历史沿革表中我们可以了解到：厉山旧时期称烈山，烈山拥有九岭，九岭拱成烈山。九烈山岭依次为钻断山、耕耘山、百草山、五帝山、三皇山、葫芦山、洞天山、登天山、寿星山。它们沿龙脉河一字排开,如九龙捧圣,围着神农故里。大家请看这边,这是神农功绩的图片,在远古时代,先民认为走禽是难以久养的,也不知道耕种。于是,神农"斫木为耜,揉木为耒",制造生产工具,发明了犁和耙,并且自耕以教天下。神农在烈山驱兽,刀耕火种,使天下食之。男耕女织的分工也非常清楚,天下有受寒者,神农便教他们纺织。

接下来,我们来到的是谒祖堂,里面悬挂着神农画像,两边对联是"华裔仰始祖,天下共烈山"。四周布展烈山五姓宗亲会的会旗和会徽,这里是专门供游客朝拜炎帝神农的地方,各位可以去祭拜一下,让神农保佑我们。从纪念馆出来,我们顺着九龙山蜿蜒的大路,前去拜谒神农的出生洞。神农洞坐落在九龙山的第七座山的东麓,现建有古式四合院的小型庙堂。首先映入我们眼帘的是庙中大门两旁"古洞载日月,神农传九州"的对联,对联表明了炎帝生于此地,并在此传扬古代文明。大家请随我前行到神农洞的院内,第一眼所见的就是院中央的这个香鼎,这儿每天烟雾缭绕,每逢农历初一、十五,尤其是炎帝生辰祭日,海内外中华儿女纷纷前来凭吊、朝拜,感谢其植五谷、尝百草的功德,祈求祖宗保佑。香鼎左边的这个洞府就是炎帝神农出生的地方——神农洞,从洞门外看去,可以感受到古洞的幽深,但由于历史久远和岁月沧桑,这个洞现在只有几米深。

说到神农洞,这里有一个美丽的传说。相传,盘古开天辟地的时候,龙被分到天上,蟒则被留在了地下,地下有九十九条蟒,经过四十九万年的修炼,想升天为龙,但蟒终究是蟒,升不了天。于是,这升不了天的九十九条蟒,就在人间兴风作浪,危害百姓。玉皇大帝知道后,就派天兵天将搬来九十九座大山,把那九十九条蟒镇压在山下,一字排开,就成了现在随州至枣阳的九十九重山岗,玉皇大帝还不放心,又命东海龙王把他的九个儿子派出来镇守这九十九条蟒,九个龙子遵从父命,来到镇压九十九条蟒的地方,选中了中间的九座山,住在山中,所以这九座山又叫九龙山或九烈山,我们现在所处的就是九龙山之一的洞天山,也就是七龙子所住的山脉。四百九十年后,九龙山下住着一个氏族部落,部落中有一名叫安登的漂亮姑娘。一天,她赶着羊群,提着篮子上山采集食物,此时正是阳春三月,风和日丽,安登来到山上,觉得心旷神怡,一边看着红的花、绿的草,一边采集食物。不一会,篮子就被装满了,此时,太阳还没有当顶,安登就想找一个地方歇一会,她在半山腰发现了一个洞穴,洞很宽敞,好奇心驱使她进入山洞,洞里清爽怡人,安登放下篮子,依着洞壁休息,不一会就睡着了,然而这个洞是七龙子住的地方。因为九位龙子镇蟒有功,王母娘娘便把他们请到瑶池参加蟠桃宴会,七龙子多喝了点酒,回来后把洞门打开透气,自己却睡着了,第二天醒来后发现洞口竟睡

着一个美丽的姑娘,顿生爱意,后来二人坠入爱河。第二年,安登在洞中生下了一个七斤重的肉球,肉球炸开,从中跳出一个胖小子,安登给他取名叫"石年",这个石年就是后来教种五谷、品尝百草的神农了,这个洞后来就叫作神农洞了。

各位朋友,参观游览了炎帝神农故里,我们了解到伟大的炎帝神农用自己的双手和简陋的原始工具辛苦劳作、无私奉献的创业精神,为中华文明的发展奠定了基石。

好了,游客朋友们,今天的游览即将结束。非常感谢大家对我工作的支持与配合。同时,如果我的工作中有什么做得不好的地方还请大家多多批评指正。希望以后能有缘和大家再次相逢,为大家提供更好的服务。最后,祝大家旅途顺利、身体健康!谢谢!

炎帝神农故里景区模拟导游讲解视频

任务七　明　显　陵

任务描述

本任务对明显陵进行了较为全面的介绍,包括地理位置、历史沿革、建筑特点、列入《世界遗产名录》的依据等,详细介绍了明显陵一陵双冢的独特的陵寝结构,并解析了游览明显陵的常规线路和讲解思路,提供了参考导游词和导游讲解的视频资料。

任务目标

掌握明显陵历史背景和建筑特点,了解明显陵被列为世界文化遗产的依据,掌握景区的基本概况,理解明显陵的讲解思路,通过本任务的学习能进行明显陵的模拟导游讲解。

明显陵鸟瞰图

一、明显陵景区认知

（一）明显陵景区概况

1. 地理位置

明显陵位于湖北钟祥东北 5000 米的纯德山上，背靠老虎山、脚踏莫愁湖，坐北朝南，青山环抱。明显陵围陵面积 183.15 公顷，作为独立的陵区，外有高墙，与陵区内墙相对应，分别称为外罗城和内罗城，外罗城周长 3600 米，蜿蜒起伏于重峦叠嶂之中。陵园由 30 余处规模宏大的建筑群组成，依山间台地渐次布列有碑、亭、坊、像生群、殿宇、方城明楼及宝城等，建筑布局疏密有间、错落有致、尊卑有序、层层递进。明显陵是中国明代帝陵中最大的、保存最为完好的单体帝王陵墓，尤其是"一陵双冢"的陵寝结构在历代帝王陵墓中绝无仅有，是中国古代丧葬艺术的最高表现形式和建筑典范。1988 年 1 月，明显陵被公布为全国重点文物保护单位；2000 年 11 月 30 日，明显陵作为明代皇家陵寝代表率先被列入《世界遗产名录》。

2. 历史沿革

明显陵是明睿宗朱祐杬和其皇后蒋氏的合葬墓，在明代 18 座帝王陵墓中，它是第 12 座，居于中期。墓主朱祐杬，是明宪宗朱见深的第四子、明孝宗朱祐樘的异母弟、明武宗朱厚照的叔父。朱祐杬生于成化十二年（公元 1476 年）农历七月初二，生母为朱见深的宸妃邵氏。成化二十三年（公元 1487 年）农历七月十一，朱祐杬被封为兴王，到

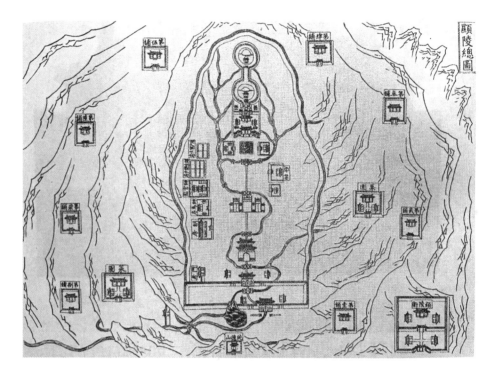

《兴都志》明显陵总图

弘治七年（公元1494年）农历九月十八，就藩湖广安陆州（今钟祥市）。正德十四年（公元1519年）农历六月十七，朱祐杬薨逝，享年44岁。明武宗朱厚照赐其谥号为"献"，后世便称他为兴献王。在松林山（嘉靖十年封为纯德山）选定吉地，按亲王规制建设园寝，翌年农历四月初三安葬，名为献陵。

正德十六年（公元1521年）农历三月十四，明武宗朱厚照无嗣驾崩，根据明太祖朱元璋"兄终弟及"的遗训，袭封为兴王不久的朱祐杬长子朱厚熜被迎往北京入继大统，农历四月二十二登基，年号嘉靖。嘉靖三年（公元1524年），嘉靖皇帝更定大礼之后，便开始大规模扩大其父亲的陵园。显陵原名献陵，之所以钦定陵号为显陵，是因为嘉靖皇帝认为他的父亲"唯我皇考，若日月之照临，光于四方，显于西土"。这"显"字既有行见中外，也有显赫闻达之意。

3. 世界文化遗产

2000年11月30日，明显陵作为"明清皇家陵寝"通过了世界遗产委员会的审议，被正式列入《世界遗产名录》。截止到2021年7月25日，中国世界遗产总数增至56处，其中文化遗产38处、自然遗产14处、文化和自然双遗产4处，自然遗产总数位列世界第一。

明显陵是中国皇家丧葬艺术的优秀典范，被列为世界文化遗产依据的标准主要如下：

知识活页：
"大礼议"
事件

(1) 明显陵的建筑与环境十分和谐,根据明代帝陵制度"陵制当与山水相称",将松林山四周的山峦、河流作为陵墓的有机组成部分,统一规划布局:延绵起伏的山体作陵区的依托,环护四周;弯曲的流水从陵区蜿蜒而过;建筑依山间台地起伏布列,依次为门、亭、望柱、石像生、龙凤门、桥、享殿、宝城和宝顶,错落有致、尊卑有序地掩映于山环水抱之中,如同天造地设,形成了一个拥有外围空间的巨大山陵,构成了一项建筑艺术与环境美学相结合的天才杰作。

(2) 明显陵的兴建几乎贯穿于明世宗执政的始终,在此期间,康陵、永陵、昭陵也在兴建,天寿山各陵还在添建神道、碑亭等;陵与陵之间因封建礼制产生一定的趋同性而形成制式。明显陵较为完整地保留了这些制式。由于明世宗信仰道教,明显陵又有一些新的变动,并为以后明陵所效仿,如宝顶的形制、独特的排水系统等。因此可以说,明显陵在明陵中有着承上启下的作用,是典型的世界文化遗产,具有突出的普遍价值。明显陵的建筑与环境使其在建造过程中形成了一些与其他明陵所不同的特点,如"一陵双冢""内外明塘""龙形神道"等,在明代帝王陵墓中更显别具一格。

同步测试:
湖北还有
哪一处世界
文化遗产

(3) 明显陵的建造是明嘉靖初年的重大历史事件——"大礼议"的产物。因此,明显陵的建造是"大礼议"的物证。

(二) 明显陵的建筑介绍

明显陵占地面积183.13公顷,其中陵寝部分占地52公顷。陵寝在布局上,坐北朝南,双城封建,红墙黄瓦,蜿蜒起伏在山峦中。明显陵是一座独特的明陵,"遵照典礼之规制,配合山川之胜势",背靠老虎山,脚踏莫愁湖,呈青山环抱的完美格局。门、亭、华表、石像生、坊、桥等,顺山势展开并引导至享殿、宝城。无论从建筑规模、建筑艺术,还是建筑等级,明显陵都不亚于任何一座明代帝王陵墓,是中国明代保存最完好、最独特的单体帝王陵墓。所有的山体、水系、林木植被都被作为陵寝的构成要素统一布局。

以下将从南至北依次介绍明显陵的建筑。

1. 纯德山碑亭

陵墓的最南端为纯德山碑亭1座,单檐歇山顶,高3.59米。为嘉靖十年(公元1531年)敕封而建,平面呈方形,北出台阶,亭已毁。汉白玉石碑保存较好,须弥座为束腰形,碑首刻篆体"敕封"二字,碑身阳刻楷体"纯德山"三个大字。此碑与神道碑楼圣德碑、明楼圣号碑同处中轴线上。

2. 敕谕碑亭

纯德山碑东北天子岗脚下建有敕谕碑亭1座,为嘉靖二十年(公元1541年)农历五月,由守备太监付霖奏请而建。平面呈方形,北出台阶,有回廊,亭已毁。内立龟趺碑,龟昂首远眺,坐南朝北。其北面碑身风化严重,碑文不清,南面碑文依稀可见。1999年清理周边环境,并恢复敕谕碑。碑文记载了陵区的范围、管理及课赋供给等内容。

3. 下马碑

下马碑位于新红门前，由汉白玉石雕琢而成，东西两侧各立1块。碑身正反两面均镌刻有"官员人等至此下马"8个楷体大字，碑高3.18米，宽0.76米，厚0.3米，上端刻云头纹，底座略呈方形，座上四角四出抱鼓石倚戗。

下马碑

4. 新红门

新红门是进入陵区的第一道门户。建于嘉靖十八年（公元1539年），东依纯德山，西临外明塘，两侧与外罗城相连。新红门为单檐歇山顶建筑，由琉璃、砖、石建造而成；有3个拱券式门，中间高，两侧低，左右各有掖门和门房。上饰一整二破旋子彩画，光彩夺目；下为汉白玉须弥座，其间饰莲花瓣等浮雕图案。

新红门

5. 外罗城

外罗城以新红门为起点,围绕整个纯德山,随着山峦起伏建起一道庞大的城墙,墙高4—6米不等,厚1.8米,覆盖黄琉璃瓦。外罗城在当时修建的时候,一砖、一瓦、一石都是从各地进献而来,上至东北、下至云贵,每一块砖瓦都完整地标明了来自何处,可见工程之浩大。

外罗城砖

6. 外明塘

外明塘建于嘉靖十八年(公元1539年),位于新红门西侧,东西与外罗城连接,北面为九曲御河出水口。它呈椭圆形,由天然池塘改建而成。

外明塘

7. 旧红门

进入新红门,沿神路弯曲前行102米,有3座并列的汉白玉单孔石拱桥横跨于九曲御河之上,位于石拱桥后方的便是旧红门。旧红门建于嘉靖三年(公元1524年),为单檐歇山顶式,由琉璃、砖、石建造而成,有券门3座,左右各有掖门和门房。旧红门左右建围墙与东西砂山和外罗城相连,形成一道封闭区域。

旧红门

8. 睿功圣德碑亭

过第二道石拱桥41米处,为睿功圣德碑亭,俗称御碑亭。睿功圣德碑建成于嘉靖七年(公元1528年),平面布局为方形,汉白玉石须弥座,下设台基,墙体较完整,四边各开有券门,为重檐歇山顶,其木结构无存。正中立龙首龟趺"睿功圣德碑",碑首有4条高浮雕首尾交盘、头部下垂的蛟龙。碑文为明世宗嘉靖皇帝御制亲撰,为其父歌功颂德,故又称"功德碑"。

睿功圣德碑亭

9. 石像生群

神道两侧为汉白玉华表,亦称望柱。通高 6.5 米,下为方形基石,上设八棱形须弥座,身饰云气纹,头饰云龙纹二层束腰。华表后依次排列着的 12 对石像生建于嘉靖六年(公元 1527 年)。石像生是帝王陵墓前安设的石人、石兽的统称,又称"翁仲",是皇权仪卫的缩影,这种做法始于秦汉时期。

明显陵的石像生有 1 对狮子,1 对獬豸,1 对骆驼,1 对大象,2 对麒麟,2 对马,2 对武将,1 对文臣,1 对勋臣。

石像生群

狮子,为百兽之王,立于石像生前段,显示帝王的威严,它既是皇权的象征,又起到镇魔辟邪的作用。

獬豸,秉性忠直,能明是非,这里用来标榜皇帝是执法如山的圣明天子。

骆驼,表示大明疆域辽阔,皇帝威震四方。骆驼列为石像生,最早见于汉灵帝时太尉桥玄之墓,出现在帝王陵中则始于朱元璋修建的孝陵。

大象,为兽中巨物,性格温良,有着"顺民""太平"的含义。其四肢粗壮有力,坚如磐石,表示国家江山稳固。

麒麟,雄为麒,雌为麟,象征仁义之君和吉祥光明。此神兽只能设立在帝王陵寝前,用以驱除邪恶,保护陵墓。

马,是古代帝王南征北战、统一江山的坐骑,在战火纷飞的战场立下赫赫战功。马象征着"老马识途"的智慧、"马不停蹄"的能耐、"一马当先"的奉献精神和"尽忠职守"的高尚品德。

石像生——麒麟

10. 棂星门

棂星门是明显陵唯一的一扇龙凤门,又作"灵星门",是三门六柱四壁的牌坊式建筑,方柱上悬云板,横梁覆莲座,莲座上各雕有一尊朝天犼,正中立火焰宝珠。坊身均为仿木结构,设额枋、花板、抱框,上下设有门簪,坊柱前后夹有抱鼓石,影壁墙下设须弥座,上盖黄色琉璃瓦。《永乐大典》记载:"棂星名门,王者之制也。灵星垂象,王制之本也。欲知王者所法之制,当识灵星所垂之象。"因此,灵星所垂之象就是天门。由于古代把皇宫比作天宫,灵星命名的门就成为一种象征王制,点缀意义极强的标志性建筑。

棂星门

11. 龙鳞神道

龙鳞神道一反左右对称和通直的原则,作弯曲龙行状。从下马碑进入陵区的中间御路直通方城明楼,统称龙鳞神道。之所以神道取弯曲之行,是因为其顺应自然山川地形,与自然山川风貌相和谐。

龙鳞神道

12. 九曲御河

九曲御河是陵区的主要排水设施,砖石结构,全长 1687 米。河底由青石板或青砖铺底,河道建有 9 道拦水坝。进入陵区,沿神路有 5 道 3 座并列的汉白玉单孔石拱桥横跨九曲御河,石拱桥中间高、两侧低,九曲御河左右贯通整个陵园,非常壮观。虽然历朝历代在陵区中也修建排灌系统,但是都不如九曲御河合理,因为它是利用自然河流和风景之美修建而成的。

九曲御河

13. 内明塘

内明塘建于嘉靖六年（公元1527年），为圆形，砖石结构，直径33米，内垣5级台阶驳岸，青石压面，四周用彩色鹅卵石镶嵌成云龙图案。这里修建内明塘，不仅具有降低地下玄宫水位和消防的功能；同时还含有"龙珠"的寓意，如果说弯曲的神道是一条旱龙，那么九曲御河就是一条水龙，两条龙于此交汇，便构成了"双龙戏珠"的格局，也正符合了"阴阳和谐"的要求。

内明塘

知识活页：
内外明塘

14. 祾恩门和祾恩殿

内明塘北为祾恩门，面阔3间，进深2间，建有月台，前后三出陛，上部建筑已毁，台基保存完整，东西与内城连接，砌法为三顺一丁。祾恩门两侧均设八字琉璃影壁，正面花心为琉璃琼花图案，背面为双龙戏珠。

祾恩门北为祾恩殿，也叫享殿，是每年举行祭祀的主祭场所。祾恩殿位于院落中央，是重檐歇山后抱厦宫殿式建筑。建于嘉靖四年（公元1525年），现仅存基址，面阔5间，进深4间，四周有宽2米的回廊及汉白玉石雕栏板、望柱。须弥座式台基上有全浮雕排水龙头，共60个，四隅各有螭首4具。前出月台，两隅各有螭首2具，台基完好。

15. 方城明楼

方城明楼，建于嘉靖六年（公元1527年），方城面阔为22.2米，进深设有券门甬道，门前有御道礓磋，门券后左右两侧均设礓磋，以供至明楼上下。方城之上东、西、南三面为雉堞，北面砌女墙，东西外垣设散水龙头各一具。正中碑楼1座，重檐歇山顶式建筑，四面券门。南向双檐之间悬挂楷体"显陵"牌匾。内供圣号碑，须弥座束腰，碑首刻"大明"篆体，碑身镌刻"恭睿献皇帝之陵"楷体大字。

八字琉璃影壁

方城明楼

16. 前宝城

方城两侧连接着前宝城,下图左侧呈椭圆形的便是前宝城。前宝城高为 5.5 米,东西宽 112 米,南北长 125 米。宝城环道宽 2 米,内侧砌女墙,外侧为雉堞 172 个,堞垛外垣设散水龙头14具。宝城内为封土宝顶,宝顶下为正德十四年(公元1519年)所建玄宫。

前宝城俯瞰

17. 瑶台

瑶台建于嘉靖十八年(公元1539年),连接前后宝城呈哑铃状。瑶台为长方形城台,东西两侧外垣各设置20个雉堞及4具散水龙头。其南北两端为下至宝城内的礓磋。

18. 后宝城

后宝城直径110米,呈环道。设堞垛170个,外侧有散水龙头16具。内置封土宝顶,宝顶下为嘉靖十八年(公元1539年)所建地下玄宫,玄宫内停放着明睿宗和其皇后的棺椁,未发掘,保存完好。宝顶前建有月牙城,内有琉璃影壁一座,墙体残存。

(三)明显陵独特的陵寝结构——"一陵双冢"

明显陵最具特色,也是中外陵墓史上绝无仅有的奇观,即"一陵双冢"。为什么会有出现"一陵双冢",即前后两座宝城呢?一是和墓主人朱祐杬身份变化有关;二是由于地宫渗水,以及嘉靖皇帝父母合葬的原因。

前地宫始建于正德十四年(公元1519年),是朱祐杬死后按藩王规制所建。但根据前宝城砖文确定,前宝城是加建于嘉靖四年(公元1525年)至嘉靖七年(公元1528年)。当年嘉靖皇帝继承皇位之后,追封其亲生父母为帝后,由皇家支系变成了皇室正

瑶台

后宝城俯瞰

前后宝城"一陵双冢"

统。于是,一个一天皇帝都未做过的藩王,其灵位进入太庙供奉,陵墓也由藩王陵变为帝陵。此后,逐年增修,扩建成一座规模宏大的帝陵。

后地宫及宝城建于嘉靖十八年(公元1539年),是嘉靖皇帝生父被追尊为皇帝后所建造的宝城。嘉靖十七年(公元1538年)农历十二月,其母章圣皇太后病逝,如何安葬其母亲,嘉靖皇帝犹豫不决。一面督建天寿山之陵宫;一面派锦衣卫指挥赵俊星夜驰赴显陵,启视显陵玄宫,结果发现地宫渗透有水,保存较差。嘉靖皇帝越想心中越是忐忑不安,于是,在嘉靖十八年(公元1539年)农历二月,决定南巡承天,躬视显陵,亲临调度"以安二圣之心"。嘉靖皇帝到达承天府第二天就拜谒显陵,在纯德山降辇,稽首(行叩拜之礼)。"遂骑登陵山,立表于皇考陵寝之北,周览久之,命改营焉",并亲定了显陵新玄宫及后宝城图式。两座宝城之间以瑶台相连,构成一个相互关联的整体。由此,显陵便形成了特殊的格局——"一陵两冢",即"一陵双宝城"的完美建制。

二、明显陵景区导游讲解思路分析

导游在带领游客游览明显陵时,通常的游览线路是从下马碑和新红门处开始讲解,沿途进行陵寝结构和建筑的介绍,最后抵达前后宝城讲述"一陵双冢"的由来。导游讲解结束后,游客可以自行参观拍照,最后在指定位置集合,登车。

根据导游词的基本构成部分,结合导游考试面试的时间要求,本书总结而成的明显陵导游讲解的基本思路如下。

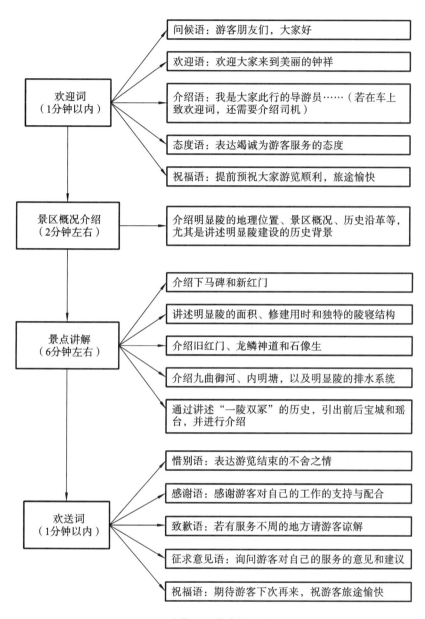

明显陵景区导游讲解思路图

三、明显陵景区参考导游词及讲解范例

明显陵景区导游词

游客朋友们：

大家好！欢迎来到美丽的钟祥，我是大家此行的导游员小张，前面为咱们开车的是驾驶经验丰富的李师傅。今天，我们即将游览世界文化遗产——明显陵，在接下来

的行程中,我们会竭尽全力为各位提供优质的服务。希望我的讲解和明显陵的独特风光能给您留下一段美好的回忆。

在到达明显陵之前,我先给大家简单地介绍一下这座独特的皇陵。明显陵,是明睿宗朱祐杬与其皇后蒋氏的合葬墓,始建于1519年,至今已有500多年的历史了。2000年,明显陵申报世界文化遗产获得成功,被列入《世界遗产名录》。可能有些游客会觉得奇怪,明朝哪里有叫朱祐杬的皇帝?确实,不仅明朝没有,中国历史上在册的皇帝中也没有这个人,因为他是中国也是世界历史上唯一一个在死后被追认为皇帝的人,这也是明显陵的奇特之处。尽管朱祐杬生前没当过皇帝,但在他去世后,被他的儿子嘉靖皇帝朱厚熜追认为皇帝,而且还为他建造了巨大的皇陵。

游客朋友们,现在我们已经踏上了明朝皇家陵地,首先,我们看到的这块石碑叫"下马碑",上刻"官员人等在此下马"八个大字,为嘉靖年间宰相严嵩手写。在我国封建社会,帝王的尊严是至高无上的,陵区被视为神圣的禁区,不仅老百姓不能随便出入,即使是朝廷命官到此,也必须在此下马,这块碑在当时具有法律作用,违者将受到严惩,同时,它还是明显陵重要的标志性建筑。

大家请看,我们面前的这座单檐山式建筑,叫新红门,穿过这座门我们就正式进入陵区了。明显陵工程浩大,其修建前后共用了40年的时间,占地面积183.13公顷,相当于300个足球场那么大,整个陵地由内外两道城墙环护,大家看,连接新红门的这道城墙为外罗城,墙高4—6米,厚0.8米。外罗城全长3600米,红墙黄瓦,蜿蜒起伏于山峦中,雄伟壮观。大家所看到的这样大的外罗城,当时在建陵之时,其一砖、一瓦、一石都由各地进献而来,上至东北,下至云贵,每一块砖瓦都完整地标明了来自何处,可见工程之浩大。从空中俯瞰,外罗城为"金瓶"形状,古人认为"金瓶"是神仙所佩之法器,寓意神圣吉祥。同时,蜿蜒的城墙顺山势起伏,避免了建筑外在的生硬感,使之与自然环境更加和谐。明显陵外罗城是明代帝陵之首创,其后的明清陵寝均沿袭了这一做法。

在我们的左手边,大家看到的这个水塘叫外明塘,因处外明堂(这个"堂"是厅堂的"堂")的位置而得名。明堂原指陵区开阔的空地,要宽阔、忌狭窄,宜山长发展之计。外明塘上接陵区九曲御河出水口,下通沧浪湖入水,它破墙而出,使外罗城有90米的缺口,说起这个缺口还有一段有意思的典故呢。据说当年嘉靖皇帝为了给自己的父母修建陵寝,耗资巨大,然而国库银两短缺,拿不出如此多的款项,严嵩便出计让各地知府出资筑陵,此计一出,全国各地迫于皇威相继筹措不等银两,唯云南和贵州两府因地处边远穷困地区,未能及时筹措到足够的银两,导致工期延误,后云贵两地官员被嘉靖皇帝贬官严办,当时的陵墓修建者就决定在这一空缺段修一口明塘与两边的外罗城相连。而这一空缺段也就留下了"缺云南,少贵州"的说法。至今钟祥当地仍有将独缺什么说成"缺云南,少贵州"的习惯。

由外明塘连接着的这条弯曲的御河叫作"九曲御河",它沿着进入陵区的神道拐了9个弯,故而得名。沿河建了5道桥,具有"九五至尊"的含义,象征着皇权的至高无上。游客朋友们,这弯曲的九曲御河让您能产生怎样的想象呢?对,就是龙!它像一条弯曲的水龙游弋在青山绿水的陵区,给明显陵增添了鲜活的灵气。

接下来,走过旧红门,绕过内明塘,穿过祾恩殿,大家即将参观的是明显陵最具特色,也是中外陵墓史上绝无仅有的奇观——"一陵两冢"!何为一陵两冢?就是一座陵园内有两座墓冢。那么,为什么其他陵墓无此现象,而明显陵独有呢?这还要从墓主前后身份的变化说起。正德十四年也就是1519年,墓主朱祐杬因病去世,当时他只是一个藩王,依封建礼制,他的陵墓即按藩王的规制建造,我们现在看到的这个前墓冢,即是当年兴献王朱祐杬病逝后的坟墓。

1521年,朱厚熜登基成为嘉靖皇帝之后,追封其生父也就是朱祐杬为"献皇帝",并一度想将其父的陵寝迁往北京,与其他已故明代皇帝葬在一起,这一想法遭到了大臣们的反对,因而未迁。嘉靖十七年(公元1539年)农历十二月,嘉靖皇帝的亲生母亲章圣皇太后在北京病故。为了给母亲寻找"吉壤"安葬,嘉靖皇帝于次年农历二月南巡承天府(今钟祥),在拜谒了其父亲的陵墓后,他认为这是一片难得的风水宝地,便决定将母亲的灵柩由京城送至这里,与父亲合葬。但经检查发现,陵墓内存放其父亲棺椁的地宫已经进水且面积较小。于是,嘉靖皇帝便命工部在其父原有的墓冢后面重新修建一座新地宫以安放其父母的灵柩。这样,经嘉靖皇帝在位几十年间的不断扩建,明显陵由最初的单冢藩王墓变成一座规模宏大的前后双冢陵墓了。

我们现在看到的这座巨大的墓冢叫宝城,从空中看就像一个巨大的哑铃。前宝城是椭圆形,东西宽112米,南北长125米,是最早安放兴献王灵柩的地方(现存大量的随葬品),而后宝城为正圆形,直径110米,下面的地宫中即安放嘉靖皇帝父母的棺椁。

我们现在停留的这个地方叫瑶台,它将前后两座宝城连接在一起。瑶台在神话传说中是神仙聚会的地方。而前后宝城以瑶台相连,寓意人的灵魂已进入仙境。两座宝城修建的时间相隔19年。在我国古代有个传统习俗,那就是人死了以后是不能见天日的。于是,新地宫建成后,在旧地宫与新地宫之间修建了一条通道,并筑成瑶台。当年嘉靖皇帝的父亲与母亲合葬时,其父亲朱祐杬的棺椁就是从瑶台下的通道运到了新地宫。可以说,瑶台在明显陵的地位是至关重要的。

明显陵自修建至今已500多年了,其间经历数次劫难。其中最大的一次劫难即明末李自成农民起义。崇祯十六年(公元1643年)冬,李自成大军攻陷承天府(今钟祥),拆毁朱家的家庙,并欲挖掘显陵地宫。据说正准备开挖前地宫时,恰遇雷电交加。李自成心有疑惧,未敢动土,便放火烧毁陵内所有木结构的建筑作罢。如今科学探测证明明显陵地宫保存完好,从未被盗过,这也从侧面反映了此地民风淳朴,相信将来的某一天,明显陵地宫开启时定能引起全世界的注目。

明显陵景区
模拟导游
讲解视频

接下来,请大家登上方城明楼放目远眺,感受明显陵的恢宏与神奇!

好了,游客朋友们,我们今天的明显陵之旅即将结束。非常感谢大家对我工作的支持与配合。同时,如果我的工作中有什么做得不好的地方还请大家多多批评指正。希望以后能有缘和大家再次相逢,为大家提供更好的服务。最后,祝大家旅途顺利、身体健康!

任务八　三国赤壁古战场

任务描述

本任务对三国赤壁古战场景区进行了较为全面的介绍,包括地理位置、历史背景、作战计谋、主要景点等,详细介绍了古战场,并解析了游览古战场常规线路和讲解思路,提供了参考导游词和导游讲解的视频资料。

任务目标

掌握三国赤壁古战场的相关内容,了解景区的基本概况,熟悉景区的历史文化背景知识,理解三国赤壁古战场的讲解思路,通过本任务的学习能进行三国赤壁古战场的模拟导游讲解。

一、三国赤壁古战场景区认知

(一) 三国赤壁古战场景区概况

1. 地理位置

三国赤壁古战场景区位于长江中游南岸,北依湖北武汉,南临湖南岳阳。临近山崖,褐色的石劈上,一米见方的大字"赤壁"赫然入目。该景区是我国古代著名战役中唯一尚存原貌的古战场遗址,也是国家5A级旅游景区和国家重点文物保护单位。

三国赤壁古战场景区正门

2. 历史背景

三国赤壁古战场是当年赤壁之战的遗址,在建安十三年(公元208年),曹操率领大军南下,势如破竹,连克新野、襄阳数城,从江陵顺长江东下,在赤壁与孙权、刘备联军发生战斗,曹军战败后,退回江北,屯兵乌林(今洪湖乌林),与孙权、刘备联军隔江相持。

后来,周瑜采用黄盖的建议使用火攻,向曹军发动攻击,当时东南风正急,火船借助风势,直冲曹军阵营。一时之间,曹营火势冲天,一片火海,曹军大败。孙刘联军乘机进攻,曹操领余部经华容道(今湖北监利西北)向江陵(今湖北荆州)败走,从而奠定了魏、蜀、吴三分天下的局面。这一仗也就成为中国历史上著名的经典战役,在中国古代战争史上留下了光辉的一笔。

3. 作战计谋

1) 苦肉计(反间计)

曹军经过长途跋涉,身体疲惫,将士已有疾疫。在赤壁与江东兵发生战斗,战败,于是,曹操命全军移至江北,便于进退。与江东兵隔江相持于乌林、赤壁之间。由于长期僵持不下,孙刘联军部将黄盖提出"火攻"作战计划。由黄盖出面,向曹操致书假称投降。曹操因为之前的一系列胜利,把周瑜、黄盖密谋看成刘琮、蒯越举荆州归降,这也严重地影响到谋士、军师荀攸的想法,一般将领更不至疑问,都乐于看到黄盖从水上来降的场面。

2）连环计（火烧连营）

建安十三年（公元208年）农历十一月十三，黄盖带着数十艘满载干荻和枯柴，并且灌满油的战舰，乘着东南风，于江上举帆，按顺序加快速度，向北岸急驶。曹操与吏士，皆出营立观黄盖的来降，只有谋士程昱于东风中发现来舰轻而浮，推断不是运粮船只，担心会发生意外，即向曹操提出注意敌人可能诈降。但为时已晚，来船距北岸只有二里之余，黄盖指挥的战舰，同时点火，乘着大风，船驶如箭，冲击曹军水寨。水寨火起，船被铁链锁着，无法拆开。火随风舞，岸上营寨也随之起火，烈焰冲天，曹军陷于一片火海。南岸孙军则摇旗呐喊，擂鼓助威。

3）乌林战斗

江北岸曹军水寨、岸上营阵遭到风火船舰突然袭击，引起一阵混乱。南岸孙军也增派部队渡江，参加战斗，扩大战果。双方在火焰中发生了激烈的战斗。曹将张辽指挥精兵，击退黄盖的猛攻。徐晃也乱中镇定，整军应战。但此时，刘备的豫州军及猛将张飞、赵云各率部队对曹军发起了猛烈进攻，刘备也亲自指挥战斗。曹军腹背受敌、损失惨重，随即乘孙刘两军尚未汇合之际，撤出乌林，向华容道方向转进。

4）华容伏兵

曹操率领残部进入华容道后，遇狂风暴雨，道路泥泞堵塞，无法通行。曹操让老弱残兵背草铺在路上，骑兵才得以通过。老弱残兵被人马所踏，死者遍地。然而刘备部队伏兵错失最佳攻击时间，使得曹操部队已出险区。待曹操撤回江陵后，他心有余悸地说："刘备，吾俦也，但得计少晚，向使早放火，吾徒无类矣。"曹操大军虽然没有全灭，但南进大军却损耗大半，此时，再也无力一统南北，从而结束了曹操、孙权、刘备三方的赤壁之战。

赤壁之战过程中，出现政治、军事、外交等各种形式的斗争。因此，赤壁之战成为中国历史上的著名的战役之一，为中外人士所瞩目。

兵家言：以少胜多，以弱胜强，必数赤壁之战。中国人认为，只有到赤壁才知"道、天、地、将、法"的高妙；外国人认为，只有到赤壁才能体味东方文化之神秘。

（二）三国赤壁古战场景区主要景点介绍

三国赤壁古战场景区是我国古代"以少胜多、以弱胜强"的七大战役中唯一尚存原貌的古战场遗址，是国家5A级旅游景区，主要景点有：千年银杏树、凤雏庵、三国雕塑园、周郎刻壁、拜风台、赤壁碑廊、望江亭、周瑜石像、赤壁摩崖石刻、翼江亭、赤壁大战陈列馆等。

1. 千年银杏树

银杏树又称"活化石""白果树"，集药用、材用、食用、观赏于一体，可谓浑身是宝。相传，此树为当年在此读书的庞统亲手所植，距今约有1800年的历史了，可能是有幸

知识活页：
三十六计

见证当年那场大战的唯一"幸存者"。这是一棵连理树,"在天愿作比翼鸟,在地愿为连理枝",其枝叶交错,就如同风雨同舟、相亲相爱的一对夫妻。此树高达35米,被当地人视为金鸾山的镇山之宝!而且,在这棵树下还有一个故事流传至今。相传在赤壁大战未开战之前,庞统有一天在银杏树下阅读兵书,一阵清风徐来催他入眠,睡梦中一位鹤发童颜的老人在庞统头上敲了三下并留下了四句话:"遇蒋而动、择刘而辅、遇凤而止、还本而栖",并告诫他须牢记。然而这四句话却写照了庞统一生的际遇。

千年银杏树

2. 凤雏庵

凤雏庵建于清道光二十六年(公元1846年)。原为九重大殿,后因战火所毁,今仅存最上一重建筑。面积300平方米,分三个殿室,正殿供奉有凤雏先生的全身塑像,神像两侧有一副对联:造物忌多才,龙凤岂容归一室;先生如不死,江山未必许三分。

俗语说,"天妒英才",这话用在庞统身上,是再合适不过的。据《三国志·蜀书·庞统传》记载,庞统在进攻雒县(今四川广汉北)时,被乱箭射中而卒,年仅三十六岁,宏图未展,即赍志而殁。所以上联说,"造物多忌才"。龙凤,即诸葛亮和庞统。诸葛亮字孔明,号卧龙;庞统字士元,号凤雏。《三国演义》第三十五回,司马徽对刘备说:"伏龙①、凤雏,两人得一,可安天下。"凭借二人智慧,若能各尽其才,则鹿死谁手,尚难定论。所以下联说,"先生如不死,江山未必许三分"。

右殿正堂塑像为观音大士,侧墙为化鸾图。相传庞统死后,受观音大士点化,化作一只金鸾,飞回他昔日隐居的西山,所以后人便将此山命名为金鸾山。

① 伏龙,即卧龙。

凤雏菴

出右殿,左侧亦有一殿,门楣上有"绝甘兮少"四个大字,传说它是赤壁之战时诸葛亮题赠给庞统的。那时屋外有一畦菜地,庞统在菜地里种了鲜嫩的马蹄菜,菜园正中有一口古井,里面的水清澈甘冽,庞统还在山坡上栽了些色美味甘的香茗,每次诸葛亮、鲁肃、周瑜等人来了,庞统总是炒上一大碗马蹄菜,拿出糯米酒来招待,酒后又用井水和香茗给客人泡一杯浓茶,客人们受到这种招待无不啧啧称赞。一天,诸葛亮、周瑜、鲁肃、阚泽等人又来到了庞统家中,庞统同样给大家炒了一碗马蹄菜,给他们斟满了香甜的糯米酒,酒足饭饱后,庞统又给各位泡上了香茗,大家的心情舒畅极了,天南海北地闲聊着,这时鲁肃就说:"像仕元兄这样有雄才大略、歌赋吹弹样样会的人可谓古今少有了。"周瑜说:"仕元兄不独如此,就是应酬客人也是十分周到的,《史记》上记载李陵这个人也喜欢结交社会名流,有什么东西总是和大家分了吃。"诸葛亮忙说:"故司马太史公送给他'绝甘分少'的美称呢。"鲁肃和阚泽说:"果然二位老兄博古,我们今天何不也将此名号送给仕元兄呢?"周瑜、诸葛亮都表示赞同,大家商量一番后一致推荐诸葛亮为庞统题词,只见他握紧狼毫,一挥而就,"绝甘兮少"四字潇潇洒洒,恰如诸葛亮其人一样,大有神仙风姿呢。在道家,"绝"可以理解为拒绝,引申为不享受;"甘"代表人的衣禄、欲望,可以指好的东西或是苦尽甘来。"绝甘分少"最早出自司马迁《报任少卿书》中"愚以为李陵素与士大夫绝甘分少"一句。后人更改一字作"兮"。"兮"为语气词,有感叹的意思。在那个英雄辈出、良臣择主而伺的年代,庞统能够在此隐居,高瞻远瞩,厚积薄发,才成就了他以后的一番作为。同时,这四个字也暗喻了一个人只有做到淡泊名利，才会有大的作为，这也和道家的"隐逸"思想不谋而合。

3. 三国雕塑园

雕塑园选用的都是能够体现三国文化的人物故事及模型，这些造型各异的雕塑小品，精致地撷取历史镜头，风趣幽默地再现《三国演义》中所表现的人文主义，或令人捧腹，或令人哑然失笑，或让人浮想联翩，发思古之幽情。原始、朴拙、和谐、自然的雕塑模型立于茂林修竹间和石桌、石凳旁……内涵丰富，格调高雅，造型流畅，制作精细，美化空间，改善环境。

三国雕塑园

4. 周郎刻壁

和"小乔出嫁"塑像遥相呼应的是石壁周郎刻壁。这座假山拔地而起，怪石嶙峋，绿水环绕，足可乱真，体现出建筑造型艺术之美。相传，赤壁大战胜利后，周瑜意犹未尽，纵马赤壁山，见一巨石拔地而起，气势雄浑，遂拔佩剑，纵情刻下"赤壁"二字。周瑜指挥赤壁大战时年轻有为，只有34岁，他容貌英俊、精通音律、多谋善断，人称周郎。"郎"最早指官职，例如，中郎将指的是他的官职，而现在"郎"演变为指男子。古战场赤壁，现在又被称为"武赤壁""周郎赤壁"。诗曰：周郎雄迹何处寻，赤壁二字气干云。以剑代笔淬石火，风流将帅第一人。

5. 拜风台

拜风台，又名武侯宫。武侯是诸葛亮逝世后的谥号。拜风台就是当年诸葛亮祭借东风的古遗址。当时的祭风台是临时搭建的一个土台，台高9尺，分上、中、下三层，可容纳士兵120名，然而经过1700多年的风雨洗礼，过去的土台已不复存在。

现址初建于宋朝，明洪武十五年（公元1382年）再次修缮后定为吴主庙，明万历三

同步测试：讲述"桃园三结义"的故事

十八年(公元1610年)嘉鱼县知县葛中宪又将其改名为"拜风台",现存的拜风台系1936年赤壁道人重建,重建时还掘出"祭风台"三个大字的残碑,这也就更加确定了当年诸葛亮就是在这个地方祭借东风的。后人用"万事俱备,只欠东风"来形容这场风的重要性,可见它在这场战争中是起着决定性作用的,当年诸葛亮能在这里借来东风说明此地是一块福地。

拜风台

6. 赤壁碑廊

赤壁碑廊位于南屏山"拜风台"右后方,砖木结构,盖黑色布瓦,为四合回廊式仿汉建筑,造型别具一格,于1986年建成。廊内有25块大理石碑刻镶嵌在墙壁上,诗词为古代名人咏诵赤壁的精品,由现代书法家王遐举、任政、吴丈蜀、周韶华等书写,武汉市"东方画廊"承制。

7. 望江亭

望江亭位于赤壁山峰顶,极目远眺,只见江水茫茫,远及云天。相传黄盖于此北望曹营,发现曹军战船首尾相连,于是向周瑜献火攻诈降之策。曹操战船首尾相连,周瑜定下火攻破曹之计,但需人诈降以便放火。黄盖乃东吴老将,是最好的人选,于是周瑜约黄盖下棋。周瑜只走卒子,走一个黄盖吃一个,黄盖吃惊不已,周瑜假装无奈说:"我无将可用啊!"黄盖立刻悟到周瑜要他担当大任,慷慨地说:"我受东吴三世厚恩,都督用得上我的地方,粉身碎骨,死而无憾。"于是,两人定下苦肉计,演出一幕一个愿打一个愿挨的壮烈场面。

望江亭

8. 周瑜石像

这座周瑜石像由湖北省博物馆负责设计。石像很有特点：从正面看，东风吹来，战袍飘向西北，与诸葛亮所借东南风相吻合；从反面看，像一面石壁，和"赤壁"意合。底座设计别具匠心，那刀劈斧刻的纹路象征拍岸的惊涛，三个层次比喻"卷起千堆雪"，从苏轼词中取意，同时也隐喻三国鼎立。石像高8米，其中身高6.5米，基座1.5米，由26块花岗岩雕成，重113吨，展现周瑜身着锐甲战袍，肩披斗篷，手持利剑，英姿焕发的大将风采。

周瑜，字公瑾，庐江人，即今安徽人。据史书记载，周瑜长得十分高大、帅气。24岁时，他就被授予建威中郎将，所以东吴皆称呼他为周郎。34岁时，周瑜即作为孙刘联军统帅，领导了那场威震千古的赤壁之战，从而垂名后世，引得无数文人墨客为之折腰。

看过《三国演义》的人，可能会对诸葛亮"气死"周瑜的情节印象特别深刻，但这和历史是有出入的。据史书记载，周瑜病逝于巴丘，即今岳阳。历史上的周瑜绝非一个气量偏狭之人，而是一个非常有气度、能容众的人。

周瑜不但有谋虑、会打仗，而且精通音乐，即使在酒后，也能分辨出音乐曲调的阙误，并且一定会回头看，所以当时便流传一句民谣，"曲有误，周郎顾"。

周瑜石像

9. 赤壁摩崖石刻

我们现在看到的景点,就是赫赫有名的赤壁摩崖石刻,赤壁二字各长150厘米,宽104厘米。《湖北通志》载,赤壁山临江矶头有"赤壁"二字,乃周瑜所书。

东汉建安十三年(公元208年)冬月(农历十一月)二十,孙刘联军借助风势,动用火攻,大火一炬,葬送了曹操20余万兵马,孙权和刘备的军队乘胜追击,直到南郡,曹操率残部北归邺城。周瑜大军高奏凯歌,回军赤壁,在船上举行得胜宴会,把酒庆功。酒醉之余,周瑜拔剑起舞,边舞边道:临赤壁兮,败曹公,安汉室兮,定江东,此山水兮,千古颂,刻二字兮,纪战功。歌罢,提剑在悬崖上深深刻下了"赤壁"二字。

这两个字究竟是何时刻上去的呢?根据字形及后来的文献记载,我们可以初步断定这两个字刻于唐代。三国时期,我国的文字正处于由小篆向隶书过渡的时期,而这两个字是楷书,楷书则形成于唐代。据南宋诗人谢枋得记载,他乘船从夏口(今武昌)到岳阳,路过此地,见石壁上有此二字。因此,可以断定:宋之前,"赤壁"二字已刻于此。"赤壁"二字,上下各有一"土"字,而在古代"土"则代表着疆域、领土、天下,所谓"普天之下莫非王土"正是此意。且二个"土"字则为一个"圭"字,"圭"是什么呢?它是一种礼器,象征着地位与权势。由此,我们可知赤壁实乃一方钟灵毓秀之地。

在"赤壁"二字之上有一白色符号,很像汉字里的"鸾"字。鸾为传说中的神鸟,此处为一种镇压洪魔的符号。赤壁之战时,曹军几十万人马战死江中,堵塞航道,以致洪水泛滥,于是老百姓请来八仙之一的吕洞宾刻此符号,以镇洪魔。

摩崖石刻

10. 翼江亭

翼江亭原为周瑜的前沿观察哨和指挥所,因赤壁山如鲲鹏的翅膀斜插江心而得名,由民国时期辛亥革命元老蔡汉卿重建。亭柱上的这副楹联是根据明末清初诗人朱彝尊的《满江红·吴大帝庙》改写而成。

上联:江水无情红,凭吊当年,谁别识子布卮言、兴霸良策。"子布"是指张昭,东吴的三朝老臣,官封长史。"兴霸"是指甘宁,东吴年轻的水军将领,原是江夏黄祖部下,投奔东吴后向孙权献策,先夺江夏再取荆州,以巩固江东基业。但此主张遭到了张昭的强烈反对,关键时刻,孙权明辨是非,力排众议,采纳了甘宁的良策。上联以甘宁、张昭之争,盛赞孙权善纳良策。

下联:湖山一望碧,遗留胜迹,犹怀想周郎声价、陆弟风徽。"周郎"是指周瑜,赤壁之战时,他火攻曹军连环水城,把曹操统一天下的宏伟蓝图烧得灰飞烟灭。"陆弟"是指陆逊,《三国志·吴书·陆逊传》记载:建安二十四年(公元219年),陆逊与吕蒙用计夺取荆州,吴黄武元年(公元222年),刘备率蜀国70万大军为关羽报仇,讨伐东吴。陆逊领兵在夷陵,利用火攻,火烧刘备连营700里。刘备退守四川奉节,死于白帝城。他们二人功载史册,被人称为"三国两把火"。下联即盛赞孙权在建立吴国后,两次面临危局,皆因周瑜、陆逊二人之力,得以巩固东吴基业。二人建功立业时,都非常年轻,均遭到张昭等人反对,而孙权能力排众议,重用青年将领,方建万世奇功。

《三国志·吴书》对孙权的评价是:"屈身忍辱,任才尚计,有勾践之奇,英人之杰矣。故能自擅江表,成鼎峙之业。"整副对联融写景、抒情、咏史为一体,借东吴历史上几位文臣武将为东吴政权建功立业的故事,赞颂了孙权在关键时刻能知人善用,是一位英明的君主。

翼江亭

11. 赤壁大战陈列馆

赤壁大战陈列馆位于赤壁山东北面,是我国第一个以战史为主题的专题陈列馆,总面积2069平方米,于1994年建成。建筑样式别具一格,远看既像风火轮,又似周瑜头盔;近看似战船、古城墙。它的设计理念为《三国演义》开篇第一句话:"凡天下大事,合久必分,分久必合。"

陈列馆的中间为圆形顶,雄踞中央,涵盖三室,意喻合,象征祖国团结统一;其形仿周瑜的头盔所制,体现出周瑜为赤壁大战的总指挥。旁边呈半独立状的三室代表赤壁战后的魏蜀吴三国鼎立,意喻分;平面看似太极八卦图,象征诸葛亮,侧面看像古战船,体现了赤壁大战以水战为主。馆内分为球幕投影室、接待室、三国人物展厅、三国战船模型室、文史资料室等,馆内陈列有部分出土文物和三国都城模型,真实地再现了东汉末年的人文历史和当时的赤壁鏖兵的壮观场面。

二、三国赤壁古战场景区导游讲解思路分析

三国赤壁古战场景区的景点较为分散，通常游览这个景区就需要半天甚至一天的时间，因此，结合导游考试面试的讲解时间要求和景区的实际情况，我们在面试时通常只选择其中比较重要的景点进行讲解。接下来，我们就以三国赤壁古战场景区为例，来梳理一下导游讲解的基本思路。

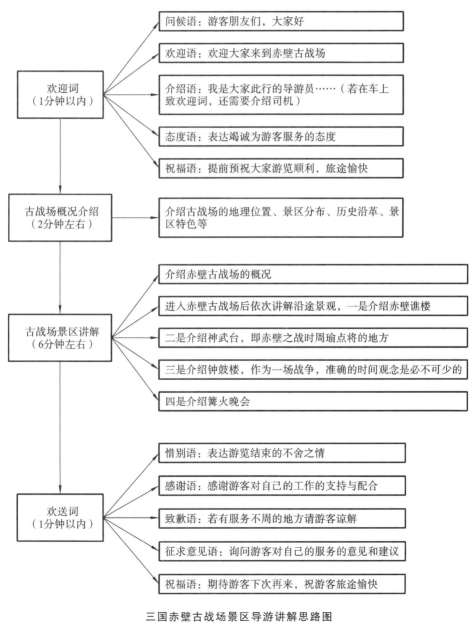

三国赤壁古战场景区导游讲解思路图

三、三国赤壁古战场景区参考导游词及讲解范例

三国赤壁古战场景区导游词

游客朋友们：

大家好！欢迎来到湖北赤壁，我是大家此行的导游员小张，前面为咱们开车的是驾驶经验丰富的李师傅。今天，我们即将游览的是家喻户晓的三国赤壁古战场，在接下来的行程中，我们会竭尽全力为各位提供优质的服务。希望我的讲解和赤壁的胜景能给您留下一段美好的回忆。

东汉末年的赤壁之战，是我国历史上一次"以少胜多，以弱胜强"的著名战役。战前，卓越的军事家曹操，曾以1万余人击败袁绍10多万大军于河南的官渡，同时粉碎了刘备割据徐州的尝试，消除了汝南黄巾农民起义在后方的威胁，逐步统一了我国北方，形成了独占中原的局面。但是，在公元208年的赤壁之战中，曹操却以20多万大军，败给了只有几万人的孙权、刘备联军。其原因何在？下面就让我们在游览古战场的过程中回顾历史，寻找答案吧！

往事越千年，青山壁立，日月依旧，如今赤壁可供游人凭吊怀古的景点有：历经千年风雨的赤壁摩崖石刻、雄姿英发的周瑜石像、诸葛亮设坛祭风的拜风台、庞统阅读兵书的凤雏菴，还有翼江亭、赤壁大战陈列馆等多处人文景观。

我们现在所在的地方就是赤壁矶头。赤壁矶头位于长江南岸，我们环顾四周，在长江以南的滨江平原之内只有这座赤壁山，它如一柄利剑斜插江心，大有欲断长江水之势。抬眼对岸，那就是当年曹操屯兵的乌林古寨，在那里，现已发现深达1米厚的人骨和马骨层，以及标有当年年号的铜马镫。乌林在以前是一个窄长的走道，分上、中、下三部分，上乌林是曹操步兵，下乌林是骑兵，中乌林是曹操指挥部也是连环水城所在之处。极目西南，一泓清水，传说是当年黄盖操练水军的地方。赤壁大战后，孙权论功行赏，将此湖赐予黄盖。据《蒲圻县志》记载，此湖原名太平湖，地形险要，背靠蒲圻，左连洞庭800里，对面长江是个隐蔽的港湖。翘首东望，流经于古城蒲圻的陆水河边，陆溪古镇依稀可见，那就是当年陆逊驻兵的地方……所有这些，在长江中游南岸，以赤壁山为中心，形成了一个可攻、可守、可进、可退的天然屏障，其特点是以"水"为主，而孙刘联军恰好水战优于曹军。因此，孙刘联军凭借长江天堑，加上战略上联合抗曹，战术上智用火攻，为赤壁之战的胜利奠定了坚实的基础，可谓占尽天时、地利、人和。

说到这里大家都知道，赤壁之战时，周瑜是孙刘联军的总指挥。现在我们眼前的这座周瑜石像由湖北省博物馆的程德兴设计。石像造型糅合了汉画像石刻、北魏石刻和现代建筑艺术的多重优点。周瑜的战袍设计就体现了这种特点，从正面看，东风吹来,战袍飘向西北与孔明设坛祭风的东南风向相吻合;从反面看,战袍像一面石壁,和"赤壁"意合。底座设计别具匠心。那刀劈斧刻的纹路象征拍岸的惊涛,三个层次比喻"卷起千堆雪",从苏轼的词中取意,同时也隐喻了三国鼎立。石像全高 8.58 米,其中人像身高 6.58 米,底座高 2 米,由 26 块花岗岩雕成,重 113 吨。您看周瑜手持利剑,目光灼灼,面对 20 多万曹军毫不畏惧,整个石像把周瑜"欲与曹公试比高"的英雄气概表现得淋漓尽致。

相传赤壁之战后,周瑜摆酒庆功,一时兴起,挥剑刻下"赤壁"二字,它在哪里呢?请大家随我来……

我们现在看到的景点,就是赤壁摩崖石刻,"赤壁"二字各长 150 厘米,宽 104 厘米,这两个字是何时又是怎么刻上去的呢?在三国时期,我国的文字正处于由小篆向隶书过渡的时期,而这两个字是楷书,应形成于唐代。据《湖北通志》记载,"赤壁"二字为周瑜所书。但根据字形实为唐人所刻。南宋一个名叫谢枋得的人曾做过信州招抚使,在江西上饶组织义兵抗元,城破后流亡福建,晚年被迫至元大都,绝食而死。他一生写过很多诗文,据其《赤壁诗·序》中记载,他从夏口(今武昌)到岳阳乘船经过这里,见石壁上有此二字。因此,我们可以断定:宋代之前,"赤壁"二字已刻于此。二字之上的白色符号,很像汉字"鸾"字,我们平常说"鸾凤和鸣",指的是传说中的神鸟凤凰,在这里,是一种镇压洪魔的符号。这样说来,似乎与赤壁之战无关,但《红楼梦》第 51 回"薛小妹新编怀古诗"却引出此符号与赤壁之战的关联。怀古诗中写道:"赤壁沉埋水不流,徒留名姓载空舟,喧阗一举悲风冷,无限英魂在内游。"意思是说:赤壁之战时,曹操几十万人马战死江中,堵塞航道,以至洪水泛滥,于是老百姓请来八仙之一的吕洞宾刻此符号,以镇洪魔。又因为吕洞宾为道人,故此符号也被视作道教符号。现在,赤壁也确实有道教活动,且历代道人都为保护这里的名胜古迹做出了贡献。

大家都知道,三国时期,与卧龙诸葛亮齐名的就是凤雏庞统了,二人是当年隐居襄阳的两大名士。凤雏菴是专为纪念赤壁之战中献"连环计"的庞统所建造的。它建于清道光二十六年(公元 1846 年),原为九重大殿,后因战火所毁,现仅存最上一重建筑。面积 300 平方米,分为 3 个殿室,正殿供奉有凤雏先生的全身塑像,神像两侧有对联一副:

造物忌多才,龙凤岂容归一室;
先生如不死,江山未必许三分。

民间传说,卧龙、凤雏得一便可安天下,刘备志在扫除群雄、匡复汉室,他不仅得到了卧龙诸葛亮,而且得到了凤雏庞统,可惜的是"造物忌多才,龙凤岂容归一室",智慧化身的庞统早年英逝。假如庞统未死,三国的历史很有可能将会是另外一回事了,当然这个下联是对庞统极高的一种评价。

三国赤壁古战场景区模拟导游讲解视频

毛泽东在《论持久战》中说,三国时期的赤壁大战是我国历史上"以少击众,以劣势对优势而获胜"的著名战役。赤壁如今是我国唯一尚存原貌的古战场遗址,它以丰富而深刻的文化内涵吸引着中外游客慕名前来。赤壁之战所蕴含的丰富文化内涵,主要是"善联巧借"。如果您能从这段旅程中领略先人的智慧而古为今用,也就不虚此行了。

好了,游客朋友们,今天的三国赤壁古战场之旅即将结束。非常感谢大家对我工作的支持与配合。同时,如果我的工作中有什么做得不好的地方还请大家多多批评指正。希望以后能有缘和大家再次相逢,为大家提供更好的服务。最后,祝大家旅途顺利、身体健康!谢谢!

任务九 大别山

任务描述

本任务对大别山国家森林公园进行了较为全面的介绍,包括地理位置、名称由来、自然景观、公园特色、主要景点等,详细介绍了大别山天堂寨景区,并以天堂寨景区为例解析了游览大别山的常规线路和讲解思路,提供了参考导游词和导游讲解的视频资料。

任务目标

掌握大别山森林公园的概况,了解大别山国家森林公园的景区分布和各景区的特色,熟悉景区的地质奇观知识及自然资源,理解大别山国家森林公园的景区讲解思路,通过本任务的学习能进行大别山天堂寨景区的模拟导游讲解。

湖北大别山

一、大别山国家森林公园认知

（一）大别山国家森林公园概况

1. 地理位置

大别山国家森林公园是林业部（现国家林业和草原局）在 1996 年批准设立的，位于湖北黄冈罗田北部的鄂豫皖三省交界处，辖天堂寨、薄刀峰、天堂湖、青苔关等景区。公园总面积 300 平方千米，公园常年降雨量 1350 毫米，平均气温 16.4 ℃，有野生植物 1487 种，动物 634 种。1996 年林业部组织专家组对大别山国家森林公园旅游资源进行了综合考察和评审，一致认为具有极大的开发价值，并于同年 10 月正式批准为国家森林公园。

2. 名称由来

大别山顾名思义是指它与其他的山不一样，关于大别山得名的说法也各不相同。在神话传说中，大别山分开了天和地，使天地有别，故名大别山。也有人说是因一首诗而得名：山之南山花烂漫，山之北白雪皑皑，此山大别于他山也。因此得名大别山。实际上据很多专家和学者考证，在 20 亿年前，大别山地区是一片汪洋大海，地壳运动使它逐渐隆起形成现在的大别山，它分开了长江、淮河二水，分开了吴国和楚国两地，使南北两地的气候环境和风俗民情有别，故称大别山。

3. 自然景观

由于地理位置以及自然环境和气候，大别山地区形成了丰富多彩的森林景观。目

大别山国家森林公园导游图

前,大别山有天堂寨大别雄风自然风光游览区,青苔关古关名刹游览区,薄刀峰避暑休闲游览区,九资河大别山田园风光游览区、天堂湖水上乐园等景区,是一个旅游、避暑、度假的胜地。在这里不仅可以让你饱赏奇峰、险岭、怪石、云海,还可以让你尽情领略天堂秀水。大别山国家森林公园是以山岳地貌和原始森林景观为特征,融民俗风情、农艺景观、历史人文景观于一体,可开展避暑度假、旅游观光以及会议、科教、休养、健身等活动的综合型国家级森林公园。森林覆盖率达89%。

4. 公园特色

整个大别山是以红色和绿色为特色的山地景观。那么,红色和绿色分别代表着什么呢?红色是指红色革命,大别山是我国著名的红色革命圣地,有着丰富的红色旅游资源。无数革命先烈在此留下了战斗的足迹,无论是土地革命战争时期的黄麻起义,还是解放战争时期刘邓大军千里挺进大别山,他们都为中国革命的胜利做出了重要贡献,在中国革命历史上有着不可磨灭的影响。绿色则是指大别山国家森林公园优美的自然生态环境。

(二)大别山国家森林公园主要景区介绍

1. 天堂寨景区

罗田的天堂寨景区为国家 4A 级旅游景区、国家森林公园、世界地质公园,位于湖北黄冈罗田,大别山主峰坐落在境内,与安徽天堂寨(国家 5A 级旅游景区、国家级自然保护区、国家森林公园、国家地质公园)交界。景区总面积 120 平方千米,境内千米以上的高峰有 25 座。天堂寨系江淮分水岭,常年平均降雨量 1350 毫米,湿度较大,年均气温 16.4 ℃,水质为地表一级卫生饮用水。其间,雄关漫道,崇山峻岭,茂林修竹,龙潭飞瀑,奇松怪石颇多,古称"吴楚东南第一关",气势雄伟壮观。

1)天堂顶

天堂寨顶峰天堂顶,海拔 1729.13 米,素有中原第一峰之美称。从这里北望中原,南眺荆楚,巍巍群山尽收眼底,茫茫天地网罗其中,气势磅礴,景色壮观。环顾四周,笔架山雄姿若隐若现,九资河倩景如玉带飘舞。清风吹过,足下林海顿时泛起层层绿波,跌宕起伏,似有排山倒海之势,响起阵阵涛声,久久回荡,如鼓角相闻。这里还是观高山日出的理想佳地。晨曦初露,天宇朦胧,一轮红日缓缓升起,霎时万道霞光笼罩四周,万物复苏,百鸟齐鸣,好一幅高山日出的壮丽画面。

天堂顶

2)哲人峰

哲人峰被人们誉为"天堂三绝"之一。峭壁高约 100 米,酷似一颗硕大的头颅,阔额浓眉,高高隆起的鼻梁,肉质丰厚的嘴唇,凝思北望,仿佛在思索着一个重大的哲学命题。

3)天堂寨南门

天堂寨南门是罗田天堂寨景区的主门,这里可为游客提供停车、票务、咨询、购物、换乘等各种服务,美好的大别山体验观光之行将从这里开始。目前,罗田天堂寨正在

同步测试：
还有哪些
景点是由
花岗岩象形
石构成的

哲人峰

创建国家5A级旅游景区，已开发神仙谷游线、天堂峡谷游线、"五峰"精品游线、老君峰游线、大别山主峰游线等线路。

天堂寨南门

4）巨蟒出山

　　天堂寨因为山高林密，雨量充沛，常年云雾缭绕、聚灵仙之气，相传早年间常有巨蟒在此修炼、羽化成仙。巨蟒出山景观远远望去仿佛一条巨蟒蜿蜒盘旋在悬崖峭壁之上，卧于云端之间，吐出长长的信子吸收着天地之灵气，栩栩如生，活灵活现。登上百步梯,就可到达巨蟒出山观景平台,遥望对面的安徽烽火台,大自然的美景尽收眼底。

巨蟒出山

5）天堂寨玻璃栈道

天堂寨玻璃栈道是湖北首条玻璃栈道,全长 70 米,宽 1.8 米,桥面采用三层钢化夹胶防弹玻璃,每平方米可承重 600 千克,于 2015 年 7 月建成并对游客开放。

6）天堂寨观光电梯

天堂寨观光电梯依山体垂直建设,位于天堂寨景区海拔 1080 米的小华山一线天悬空崖壁处,与湖北首条玻璃栈道连成一线、相辅相成,总高程 145 米,行程高度 135 米,运行时速最高每秒 2.5 米。观光电梯分左右两部,每部每次可承载 18 人,单次运行时间为 56 秒,日载客量可达 3000 人次。

7）天堂寨摘星峰

摘星峰海拔 1200 多米,因孤峰兀立,四周空旷,游人至此莫不顿生离天三五尺,手可摘星辰之感,故名摘星峰。

2. 青苔关景区

这里自古就是军事、交通要地,历史悠久,闻名于世,古时有青苔关、岐岭关、翁门

天堂寨玻璃栈道

天堂寨观光电梯

关。青苔关上有古城,称为"老城",近代国民党军构筑的石城称"新城",为罗田北通之锁钥,具特殊的地理位置。青苔关景区还有龙盘山庄、笔架山等景点。

摘星峰

3. 九资河景区

九资河景区以古国遗风和农艺景观为主。九资河一带在春秋战国时期为鸠鹚国，这里古风遗留，民俗风情别具特色。景区田园风光美不胜收，一层层梯田夏日满眼碧波，秋天金黄色稻浪翻滚，更为吸引人的是田埂上的一棵棵乌桕树，树叶的颜色随季节的变化而由翠绿变至火红，遥望像一支支燃烧的火炬，与黛青色的远山、山间的白云、蓝天、小鸟，以及小河旁浣衣的姑娘相映成趣，组成一幅美妙无比的田园风光图。

4. 薄刀峰景区

薄刀峰景区位于大别山主峰天堂寨西侧，原名鹤皋峰，是罗田乃至鄂东地区有名的避暑胜地。因其高耸入云，岩壁陡峻，侧看形如薄刀，故取名薄刀峰。薄刀峰海拔1404.2米，景区面积30平方千米，自古以地势险要著称。景区历史悠久，人文景观十分丰富。现存有魏晋南北朝的"爵主庙遗迹"、南宋的独尊古寺、元代的铜锣峭壁、元末明初的鹤皋古寨，还有明代的献旗岭、摇旗岗、歇马亭、就义场等人文景观。相传魏晋南北朝时，巴水蛮田氏的一支曾聚居于此，常劫掠长江沿岸富豪。南宋时建成鹤皋寨，至今寨门上的"鹤皋寨"3个大字仍清晰可见。

薄刀峰西北经铜锣关、松子关与河南相通，东北经天堂寨与安徽毗连，西南居高临下,西至麻城26千米,南到团风、浠水50千米。山上古寨遗迹比比皆是,主要景点有摇旗岗、歇马亭、献旗岭、罗汉现肚、牛脊岭、锡锅顶、锯儿齿、半山寨、五垸寨、洪家寨、铜锣关、栗子关、棋盘石、爵主庙等。山上风光旖旎、景色迷人,是避暑的好去处。

薄刀峰景区以峰险、石怪、松奇而见长。

峰险:薄刀峰因其峰高耸入云,鹤鸣九天,声闻于外而名之。诸峰中部的牛脊岭,山峰奇拔,形如薄刀刺天。正所谓"身入云霄足压刃,下视青天万里开;尽腾莫讶不知险,曾观仙境下凡来"。

石怪:薄刀峰石景以卧龙岗为最,此处怪石嶙峋,百态千姿,山作屏风石作台。螃蚌石含珠吐玉,笑天哇(石)仰天长笑,犀牛石望月思乡。正所谓"鬼斧神工施巧幻,猿梯鸟道绝尘寰"。

松奇:薄刀峰贫瘠的裸岩地貌是奇松的生长之地,由于长期受风力的影响,黄山松形成独特的形态。峭壁间与陡崖上,黄山松饱经风霜、傲首从容,或如孔雀开屏,或如神鹿回头,舒展洒脱、迎风摇曳,可谓奇观。

薄刀峰景区风景秀丽、气候宜人。森林覆盖率达90%,常年降雨量为1450毫米,平均气温16.4 ℃。薄刀峰景区投资400万元建成鄂东第一索道,还开发了摄影照相、休闲娱乐、购物及绿色食品加工等项目,形成了吃、住、行、游、购、娱一条龙服务体系。

薄刀峰古老而又年轻,如今她正焕发着前所未有的青春活力,笑迎四海宾朋前来观光旅游、休闲避暑、猎奇探险、科研考察,寻求和品味大自然原始、古朴、神秘的野趣,更欢迎投资者前来投资开发,共图发展。

5. 天堂湖风景区

天堂湖位于九资河和大地坳之间,是一个狭长的人工湖。远远望去,整个湖就像一块巨大的长方形宝镜镶嵌在薄刀峰、天堂寨、笔架山等诸峰脚下,亦如蜿蜒的银带飞舞在群山之中,勾勒出一幅山水掩映、云雾缭绕、村舍错落的风景画。天堂湖景区以高峡出平湖而令人流连忘返。天堂湖湖面狭长,水域宽广,环湖山光水色,风景迷人,船行其间水天一色,微风吹过碎银满地。乘车沿风景区东面的公路,经艾弧坪直下约7千米就可到达天堂湖大坝所在地大地坳乡。登上坝堤,最醒目的自然是那微风轻掠、波光粼粼的水面,水面上碧水涟漪、游船飞渡、画舫徐行、鸟儿飞翔,水下鱼虾嬉戏、龟鳖漫游……处处给人一种生意盎然之感。

二、大别山导游讲解思路分析

由于大别山国家森林公园由几大景区构成,且景区分布较为分散,各个景区的面积又相对较大,通常游览一个景区就需要半天甚至一天的时间。因此,结合导游考试面试的讲解时间要求和景区的实际情况,我们在面试时通常只选择其中一个景区进行讲解。接下来,我们就以天堂寨景区为例,来梳理一下大别山导游讲解的基本思路。

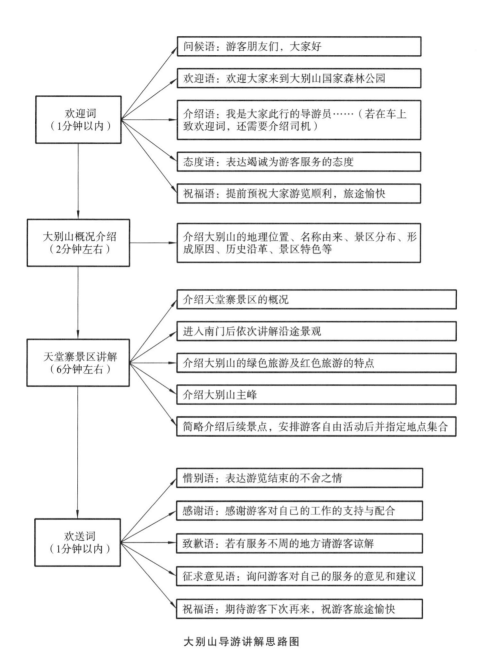

大别山导游讲解思路图

三、大别山参考导游词及讲解范例

大别山导游词

游客朋友们：

大家好！欢迎来到美丽的革命根据地——大别山观光游览，我是大家此行的导游员小张，前面为咱们开车的是驾驶经验丰富的李师傅。他的车技相当娴熟，大家尽可

放心地乘坐他的车。一路上您若是有什么问题，请尽管提出来，我将尽力为您解决。最后希望大家在大别山玩得舒心，游得尽兴！

我们今天即将去到的是大别山国家森林公园，俗话说"不打没有准备的仗"，现在我就先给大家介绍一下大别山的概况。说到大别山，我想大家首先想到的就是这是一片红色的土地，是革命根据地。确实，大别山位于鄂豫皖三省的交界处，其特殊的地理位置极具战略意义，自古以来就是兵家必争之地。著名的"黄麻起义"、红四方面军的诞生、刘邓大军千里跃进大别山都发生在这里，无数革命先辈在这里留下了战斗足迹。其实，大别山还是一个旅游、避暑、度假的胜地。这里山清水秀、空气清新、气候宜人，已经被开发为大别山国家森林公园。公园包括天堂寨大别雄风自然风光游览区、青苔关古关名刹游览区、薄刀峰避暑休闲游览区、九资河大别山田园风光游览区、天堂湖水上乐团五大景区，在这里，不仅可以饱览奇峰、险岭、怪石、云海等美景，还可以尽情领略天堂秀水的风韵。今天，我将带您着重游览天堂寨景区。

说着说着，我们就来到了天堂寨景区。天堂寨位于安徽金寨与湖北罗田交界的地区，是国家级自然保护区、国家森林公园、国家地质公园。南宋末年，文天祥在大别山组织乡民抗元，在此建天堂寨，此后天堂寨之名就在这里延续下来了。天堂寨顶峰天堂顶是大别山第二高峰，海拔1729.13米。天堂寨有"华东最后一片原始森林、植物的王国、花的海洋"的美称。山上有植物550种，其中珍稀植物50种。云崖瀑布落差高达400米，和尚垴还时常有"佛光"出现。天堂睡佛、哲人观海（徐公崖）、大别神龟被人们誉为"天堂三绝"。那"天堂三绝"到底绝在哪儿呢？现在就让我们一起走进天堂寨，去领略那天堂美景吧！

我们首先来到的是神仙谷，这里美景如画，充满了神奇色彩。传说这里是太上老君所钟爱的和活动频繁的地方。大家看那块巨石，巨石上天然生成一平台，叫作天台。巨石下有一深洞，洞前有一水池，水池上有一道两级相连的瀑布，相传池中有一对鲤鱼被太上老君的仙气所感染，游入不远处的双龙潭，听老君诵经传道。双龙潭其实是天堂九井中最大的两口井，且两井相连。两潭之间的巨大平台是诵经台，传说就是太上老君传经布道之道台。每当太上老君潜心布道时，两鲤鱼也潜心聆听，日久都羽化成龙，修成正果，所以后人称此二井为"双龙潭"。

大家眼前的这个洞，相传是太上老君起居饮食的地方，所以人们取名为仙人洞。仙人洞依山傍水，环境优美。洞内有10平方米左右的空处，洞里还有太上老君下榻的石床和仙人灶，在不远处还有太上老君下棋的"仙弈洞"，在仙人洞旁边，神仙谷河水流到这里被巨石一分为二，从其两侧潺潺流下，似两条银龙欢快地奔出山谷而去，人们称之为"双龙出谷"。

各位朋友，领略了神仙谷的神奇色彩之后，我们现在所看到的就是哲人峰了。请大家细看，这个峭壁高约100米，酷似一颗硕大的头颅，阔额浓眉，高高隆起的鼻梁，丰厚的嘴唇,凝思北望,仿佛在思索一个重大的哲学命题。这里的建筑统一为明清式。依山就势,掩映布局,颇具山寨特色。山路崎岖,请大家小心脚下,注意安全。这里看似不起眼,其实具备相当有利的军事条件。在解放战争中,刘邓大军挺进大别山,是我军由战略防御转入战略进攻的历史转折点。1947年6月30日,刘伯承、邓小平率晋冀鲁豫野战军主力——刘邓大军,依照党中央的战略方针,以超人的胆识和气魄强渡黄河,跃进大别山,揭开了人民解放军战略大反攻的序幕。到10月中旬,刘邓大军已控制了长江北岸江防150多千米,对解放战争的最后胜利起到了至关重要的作用。

现在我们已经到达了哲人峰的峰顶,在这里环视天下,可见十万大山拥拜于下。向北可望中原,南眺荆楚山水尽收眼底。凌晨观日出好似置身于九天之外,傍晚看日落则如在仙宫信步。每当雨过天晴,早晨登峰观云海更是气象万千,茫茫云海,层层烟流,青黛色的群山,像白浪滔天的大海中的渔舟,时隐时现,又似条条苍龙翱翔起舞,吞云吐雾,景色壮观,令人叹为观止!

这边就是摘星峰,顾名思义,我们已经快到天边了。它两面都是万丈深渊,只有一条石径攀缘而上,其险峻程度令人触目惊心。山脊上长满了千年古松,松树的根皆攀崖而生,向人们展示其旺盛的生命力。摘星峰顶上的几块巨石,独立于峰顶之上,仿佛天外飞来之物。如果站在摘星峰上向东北方向远眺,那么还有一险景会跃入您的眼帘。一支山脉至此戛然中断而成万丈悬崖,与其他地方不同的是,这里每逢春夏之时,便有无数石燕结伴飞来,栖身于悬崖壁缝之间,飞翔于山野丛林之上,人称石燕崖。

好了,游客朋友们,领略了大别山的美丽风光和红色历史,我们今天的大别山之旅也即将结束。非常感谢大家对我工作的支持与配合。同时,如果我的工作中有什么做得不好的地方还请大家多多批评指正。希望以后能有缘和大家再次相逢,为大家提供更好的服务。最后,祝大家旅途顺利、身体健康!谢谢!

大别山模拟导游讲解视频

任务十 武 当 山

任务描述

武当山是中华民族大好河山的一块瑰宝,不仅拥有奇特绚丽的自然风光,还拥有丰富多彩的人文景观,被誉为"亘古无双胜境,天下第一仙山"。让我们一起走进钟灵毓秀、自然天成的武当山,去感悟其玄妙、空灵和神韵吧!

本任务对武当山进行了较为全面的介绍,包括自然地理位置、名称由来、武当山古建筑群、武当道教、武当武术等,详细介绍了武当山的各个景点,并解析了游览武当山的常规线路和讲解思路,提供了参考导游词和导游讲解的视频资料。

任务目标

掌握武当山的概况,了解武当山古建筑群、武当道教、武当武术的相关知识,熟悉景区的历史文化背景,理解武当山的讲解思路,通过本任务的学习能进行武当山的模拟导游讲解。

武当山天柱峰

一、武当山景区认知

(一) 景区概况

武当山,又名太和山,古有"太岳""玄岳""大岳"之称,位于湖北十堰境内,景区面积古称"方圆八百里",现有312平方千米。武当山是我国著名的道教圣地、太极拳的发祥地、国家重点风景名胜区、全国知名避暑胜地,1994年武当山古建筑群被列入《世界遗产名录》,2006年武当山建筑群被列为全国重点文物保护单位,武当武术、武当山宫观道乐、武当神戏被列入《国家级非物质文化遗产名录》。

武当山属自然景观和人文景观完美结合的山岳型风景名胜区,以其绚丽多姿的自然景观、规模宏大的古建筑群、源远流长的道教文化、博大精深的武当武术著称于世,被誉为"亘古无双胜境,天下第一仙山"。联合国教科文组织世界文化遗产专家罗米•考斯拉认为,武当山是世界上极美的地方。因为这里融汇了古代的智慧、历史的建筑和自然的美学。

1. 自然地理特征

武当山位于十堰西南部,属大巴山东段。西界堵河,东界南河,北界汉江,南界军店河、马南河,背倚苍茫千里的神农架原始森林,面临碧波万顷的丹江口水库(中国南水北调中线工程取水源头)。

作为著名的山岳型风景旅游胜地,武当山的自然风光以雄为主,兼有险、奇、幽、秀等多重特色。主峰天柱峰海拔1612米,屹立于群峰之巅。环绕其周围的群山,从四面八方向主峰倾斜,形成独特的"七十二峰朝大顶,二十四涧水长流"的天然奇观。武当山的胜景有箭镞林立的七十二峰、绝壁深悬的三十六岩、激湍飞流的二十四涧、云腾雾蒸的十一洞、玄妙奇特的十石九台等。

2. 名称由来

武当山,从地理位置上看,在春秋战国时期是楚、秦、韩三国交界处;从战略位置上看,这里山高壑深,地势险要,又兼交通要道,历来为兵家必争之地。因此,"武当山"名称的由来,与历史上兵家以武当山为屏障抵挡外力有关。武当者,武力阻挡也。上古时代,有"当"字而无"挡"字,那时的"挡"字的意义由"当"字表示。以事名山,故为武当山。

武当道教认为"武当山"得名与真武神有关。相传,武当山为真武得道飞升之圣地,"非真武不足以当之",故名武当山。武当山还有多种其他名称。据史料记载,武当山又名太和山、谢罗山、仙室山等。

3. 武当山古建筑群

武当山古建筑群规模宏大,气势雄伟,著称于世。1994年12月17日,其被联合国教科文组织列为世界文化遗产。

武当山古建筑群敕建于唐贞观年间,明代达到鼎盛,历代皇帝都把武当山作为皇室家庙来修建。明永乐年间,"北建故宫,南修武当"。明成祖朱棣大建武当山,耗资巨大,役使军民工匠30万人,历时12年,建成九宫、八观、三十六庵堂、七十二岩庙、三十九桥、十二亭等建筑群,嘉靖年间又增修扩建。整个建筑群严格按照真武修仙的故事统一布局,并采用皇家建筑规制,形成了"五里一庵十里宫,丹墙翠瓦望玲珑。楼台隐

知识活页:

玄武

映金银气,林岫回环画镜中"的"仙山琼阁"的意境。武当山古建筑群绵延70千米,是当今世界上最大的宗教建筑群,大有玄妙超然、浑然天成的艺术效果,充分体现了道教"天人合一"的思想,堪称我国古代建筑史上的奇观,被誉为"中国古代建筑成就的博物馆"和"挂在悬崖峭壁上的故宫"。

武当山现存古建筑53处,建筑面积2.7万平方米,建筑遗址9处,占地面积20多万平方米,全山保存各类文物5035件。

武当山古建筑群

4. 武当道教

武当道教文化源远流长。春秋至汉末,武当山已是宗教活动的重要场所。魏晋南北朝时期,武当道教得到发展。唐贞观年间,武当节度使姚简奉旨祈雨而应,唐太宗敕建五龙祠。唐末,武当山被列为道教七十二福地之一。宋元时,皇室大肆推崇武当真武神,把真武神加封为"社稷家神",将武当山作为"告天祝寿"的重要场所。明代,武当山被皇室封为"大岳""治世玄岳",尊为至高无上的"皇室家庙",以"四大名山皆拱揖,五方仙岳共朝宗"的"五岳之冠"的显赫地位闻名于世,被列为道教第一名山,成为全国最大的道场。武当道教不断吸收儒、佛两教精华,充实、完善教义,一度成为明代统治者维护江山社稷的"国教"。武当道教文化融多边文化于一体,较为全面而直观地体现着中国古人信仰、思维和行为方式、价值观念,以及文明的历史发展轨迹,不仅是中国传统文化的重要组成部分,还是全世界宝贵的思想文化遗产。

5. 武当武术

武当武术,玄妙飘灵,是中华武术中的一块瑰宝,饮誉海内外,在我国素有"北崇少林,南尊武当"之说。

武当武术

武当武术以太极、形意、八卦见长,与武当道教渊源甚深。武当道士在修炼学道时,常常伴以习练武功,武当道士中高手如云。元末明初,武当道士张三丰集大成而创立太极拳,被尊为武当武术的开山祖师。武当武术在继承古代武术攻防理论的基础上,遵照道教"道法自然""保合太和"的思想,运用《周易》中的某些原理,参以道教内丹功法的经验,逐渐形成自己的理念体系和独特的套路风格。其理论核心是"阴阳消长、八卦演变、五行生克",以养生为宗旨,视技击为末学,具有尚意不尚力、四两拨千斤、以柔克刚、后发制人、延年益寿、祛病愈疾等特点和作用。其以松沉自然、如行云流水、连绵不绝的独特风格在武林中独树一帜,成为中华武术的一大名宗。

(二)武当山主要景点介绍

1. 玉虚宫

玉虚宫位于武当山北麓,坐落在5平方千米的盆地上,众山周护,剑河环绕,地势开阔,目前是武当山旅游集散地。玉虚宫整个建筑采取宫廷建筑规制,按中轴线进行对称布局,原为五进三路院落,前后崇台叠砌,规制严谨;左右院落重重,楼台毗连;其间玉带河穿插环绕;四周宫墙高耸,状如月阑绕仙阙。现存宫墙、宫门、父母殿及4座碑亭。宫门为石雕须弥座,拱券三孔,砖木结构,两侧建八字墙,上嵌琉璃琼花图案,下为琉璃琼花和石雕须弥座。门前是石雕饰栏台阶,朱碧交辉。进入宫门,十分开阔,为约2.5万平方米的大院落,中间青石铺路。正中间的青石尺寸较大,规格整齐,两边的青石则差一些,这说明当时等级森严。穿过曲折蜿蜒的玉带河,层层高台之上分别为龙虎殿、朝拜殿、正殿和父母殿。

玉虚宫是武当山规模最大的一座宫,明天启七年(公元1627年),玉虚宫发生了毁灭性火灾,其轴线主要建筑均遭火劫。清乾隆十年(公元1745年),玉虚宫再次遭遇大火,其附属建筑一并化为灰烬。1935年夏,山洪暴发,大量沙泥直泄玉虚宫,大片房屋被吞没,号称南方"故宫"的玉虚宫自此成为一片残垣断壁。玉虚宫大殿修复工程于2007年5月启动,经过5年的保护性修复,玉虚宫宫墙、御碑亭、山门、龙虎殿、玉虚殿、玉带河、宫内石板地面等工程完工。2012年9月底,武当山玉虚宫大殿修复落成典礼在玉虚宫隆重举行。

玉虚宫

2. 太子坡

相传,净乐国太子15岁时受他的师父紫气元君的点化,来到武当山修炼,最初就住在这个坡上,所以就称此坡为"太子坡"。太子在这里修炼一段时间后,曾一度灰心,意欲下山还俗,当走到磨针井时,紫气元君化成老婆婆借铁杵磨针点化他,然后太子又回到山中静心修炼,所以太子坡又叫"复真观"。太子坡于明永乐十年(公元1412年)敕建。清康熙年间曾三度修缮。现有庙房105间,占地面积1600平方米。太子坡的建筑充分利用了陡险岩石下的一片狭窄的坡地,纵横序列布局,红墙环绕,复道曲折。这里建筑与环境紧密结合,是武当山至今保存较为完整的一座道观。

太子坡背依狮子山,面对千丈幽壑,右临天池,雨时飞瀑千丈,晴时郁郁葱葱,左为十八盘栈道,"神道"如带般飘逸。远眺如一片芙蓉满翠波,近看红墙似月阑绕仙阙,这里呈现出仿佛"海市蜃楼"一样的幻景。

3. 紫霄宫

紫霄宫坐落在武当山主峰天柱峰东北的展旗峰下,占地面积约7.4万平方米。面对照壁、三台、五老、蜡烛、落帽、香炉诸峰,右为雷神洞,左为禹迹池、宝珠峰。周围山峦天然形成一把二龙戏珠的宝椅,明永乐皇帝封之为"紫霄福地",是武当山现存较完

知识活页:
太子坡
四大奇景

太子坡俯瞰图

整的宫殿之一。为什么叫"紫霄宫"呢?"紫霄"象征天上紫微星座,居中央为帝君,"紫霄宫"意为天地中央的紫坛。

紫霄宫始建于宋代宣和年间(公元1119—1125年);元代重建,名"紫霄元圣宫";明永乐十年(公元1412年)增建,赐额"太玄紫霄宫";明嘉靖三十一年(公元1552年)扩建到860间;新中国成立后,曾几度修葺,保持了原貌。现存建筑182间,透过中轴线往上看,层层崇台之上殿堂楼阁依山叠砌,中轴线两边建筑对称,布局巧妙,错落有致,丹墙碧瓦,富丽堂皇。1982年,紫霄宫被国务院公布为国家重点文物保护单位。现为武当山道教协会所在地。

4. 南岩宫

南岩宫有"绝壁悬宫"之称,在我国建筑中堪称一绝。其始建于元代,元仁宗延祐元年(公元1314年)赐额"大天乙真庆万寿宫";明永乐十一年(公元1413年)重建,赐匾额"大圣南宫";嘉靖三十一年(公元1552年)扩建到460间;清同治元年(公元1862年)大修殿宇,宫貌一新;现存建筑及遗址占地面积61187平方米,庙房83间,建筑面积3539平方米。整个建筑充分利用山头、垭脖、峭壁、岩洞等险境,建造了一座座宫殿、亭台、山门等,与周围环境融为一体,相映成趣。1996年12月,南岩宫被国务院公布为国家重点文物保护单位。

南岩宫的古建筑,在手法上打破了传统的完全对称的布局和模式,与环境风貌达到了高度的和谐统一。工匠们巧借地势,依山傍岩,使个体精致、小巧的建筑形成了大起大落、错落有致、颇具气势的建筑群。现存的主要殿阁有龙虎殿、元君殿、天乙真庆宫石殿、两仪殿、南岩宫、皇经堂、太子殿、八卦亭、大殿。

紫霄宫

南岩秋色

在天乙真庆宫石殿外的绝壁旁,有一座雕龙石梁悬空伸出,通体长2.9米,宽0.3米,上雕盘龙,龙头顶端,雕一香炉,号称"天下第一香"——龙头香。龙头香用青石雕刻而成,横空挑出,下临深壑,龙头朝向金顶,龙头上放一小香炉,探身俯瞰令人毛骨悚然。龙身雕有祥云,造型美观,线条流畅,是古代石雕艺术中极为珍贵的佳作。古时道教信徒为表达对神的虔诚,冒险步入龙背祈福上香而堕崖丧命者不计其数。清康熙十二年(公元1673年)湖广总督蔡毓荣下令"禁烧龙头香",并立碑以示。

龙头香

5. 金顶

大岳太和宫,俗称金顶,建在众峰拱拥、直插云霄的武当最高峰——天柱峰的绝顶之上。天柱峰海拔1612米,被誉为"一柱擎天",是武当山的最高胜境,无论是信士香客,还是游人墨客,只有登上顶峰,走进太和宫,才是真正意义上的到了武当山。

明永乐十年(公元1412年),也就是距今600百多年前,由明成祖朱棣下令,历时4年,在险峻陡峭的峰顶,以明代皇家建筑规制巧妙地进行布局所建成的这一雄伟瑰丽的建筑群,突出了神权至高无上的思想,达到了"美如天宫"的意境。太和宫建成后,明成祖朱棣嘉封武当山为"大岳太和山"。明嘉靖年间,太和宫又进行了扩建,扩建后殿堂道房多达520间。在此次扩建之后,这里的称谓有了变化,以金顶城墙为界,墙外面称为"太和宫",墙里面叫"紫金城",又叫"金殿",而事实上,它们原本就是一个整体。

下图中像龟背一样的是金顶所在的天柱峰,旁边的山峰相当于龟的脑袋,而环绕天柱峰的紫金城相当于一条蛇,我们知道,龟蛇相绕是玄武的化身,是武当山供奉的最高尊神,古人在没有航空器的时代是如何发现这一奇观的,这简直是一个奇迹!

金顶俯瞰图

1) 紫金城

紫金城又名皇城、红城,环绕天柱峰巅,因金殿在其上而得名,为明成祖朱棣于永乐十七年(公元1419年)敕建,是环绕天柱峰顶端修建的城墙,金殿被围在其中。

紫金城是明成祖朱棣按照自己在北京修建的"紫禁城",为真武大帝在人间修建的"玉京"。朱棣在修建紫金城时,还专门为之下有圣旨:"敕隆平侯张信、驸马都尉沐昕:今大岳太和山顶,砌造四周墙垣,其山本身分毫不要修动。其墙务在随山势,高则不论丈尺,但人过不去为止。务要坚固壮实,万万年与天地同其久远。故敕。"从这道圣旨中我们可以看出明成祖朱棣对紫金城的修建十分重视,并严格遵守道教"崇尚自然、天人合一"的教义。工匠们按照明成祖的圣旨,用重达千斤的石条依山势筑起一道厚厚的城墙,城高数丈①不等,城墙中心周长344.43米,蜿蜒起伏。远看如光环围绕金殿,雄伟壮观。紫金城四方各建有一座仿木石建筑天门,象征天阙。但东、北、西三门面临绝壁,只有南天门可通。

---

① 1丈≈3.33米。

2）金殿

金殿建在武当山群峰中最雄奇险峻的天柱峰上，宛若"天上瑶台金阙"，是我国最大的铜铸鎏金大殿，建于明永乐十四年（公元1416年）。殿高5.5米，宽5.8米，进深4.2米。殿内栋梁和藻井都有精细的花纹图案，藻井上悬挂一颗鎏金明珠，人称"避风仙珠"。传说这颗宝珠能镇住山风，让风无法吹进殿内，以保证殿内神灯长明不灭。其实山风吹不进殿内是因为殿壁及殿门的各个铸件，非常严密、精确。据史料记载，金殿全部构件是在北京铸成后，由运河经南京溯长江水运至武当山，再由人工搬运至天柱峰峰顶，运用榫卯结构拼装而成。金殿内有"真武大帝"铜像，重达10吨。殿外是白玉石栏杆台，台下是紫金城。

金殿

二、武当山景区导游讲解思路分析

导游人员在带领游客游览武当山时，根据游览时间安排的不同，有多种游览线路可选择。我们在模拟导游讲解时，可以从景区观光车到达的第一站太子坡开始讲解，按照真武修仙的故事，依次介绍太子坡、紫霄宫、南岩宫和金顶。讲解内容不必面面俱到，可有所侧重，例如，按游览线路依次选择一到两处景点重点介绍，最后介绍核心景区金顶。

根据导游词的基本构成部分，结合导游考试面试的时间要求，形成以下武当山导游讲解的基本思路。

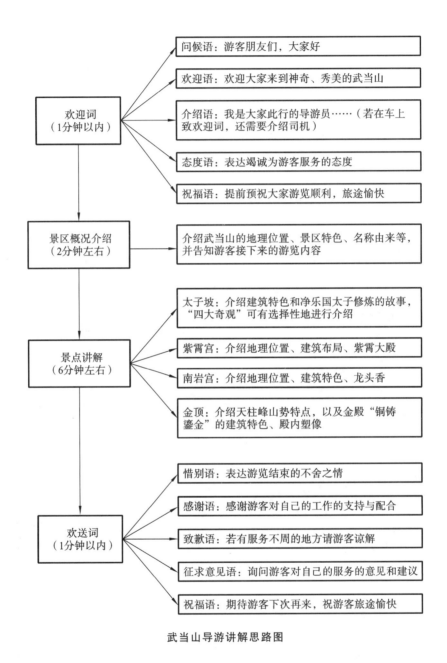

武当山导游讲解思路图

三、武当山参考导游词及讲解范例

武当山导游词

游客朋友们：

大家好！很高兴和大家相会在神奇秀美的武当山，我是大家此行的导游小张，前面为咱们开车的是驾驶经验丰富的李师傅。我们向远道而来的大家表示最热烈的欢迎。在接下来的行程中,我们会竭尽全力为各位提供优质的服务。预祝大家在武当山能度过一段愉快而难忘的时光。

在到达武当山之前,我先给大家简单地介绍一下武当山。武当山位于湖北十堰丹江口境内。面临碧波荡漾的丹江口水库,背依苍莽千里的神农架林区,连绵400多千米。相传,净乐国太子在此得道升仙,后受封为"玄天上帝",玄天上帝即玄武,又称真武大帝,是中国古代神话中镇守北方的神,"非玄武不足当之",故名武当山。独特的地理环境和厚重的历史文化,成就了武当山的四大特色:风景绮丽的自然景观、规模宏大的古建筑群、历史悠久的道教文化和饮誉中外的武当武术。以紫霄宫、南岩宫、金殿等为代表的武当山古建筑群于1994年被列入《世界遗产名录》。

好了,现在我们已经到达了今天游览的第一站——太子坡,请大家跟我一起下车,开始我们的武当朝圣之旅吧!

太子坡,又名复真观,是一组建在武当山狮子峰60°陡坡上的古建筑群,被当今建筑学家赞为利用陡坡修建建筑的经典之作。建筑群背依狮子山,右有天池飞瀑,左接十八盘栈道,古代建筑大师们巧妙地利用山形地势,创造出1.6万平方米的建筑空间,建造殿宇200余间。这里有"一里四道门""九曲黄河墙""一柱十二梁""十里桂花香"四大奇景。

传说净乐国太子15岁入武当山修炼,最初就是住在这个坡上,因此山坡取名"太子坡"。太子在这里修炼一段时间后,吃不了苦,欲下山还俗,走至磨针井,经紫气元君化成的老婆婆借铁杵磨针之事点化后,又回到此处潜心修炼。明永乐十年(公元1412年),人们依此传说修建了这座道教宫观,以纪念净乐太子复真。清康熙年间三度重修,至今仍保存完好。

游客朋友们,现在我们眼前的这座绿色琉璃瓦大殿就是紫霄宫。紫霄宫是武当山现存唯一的重檐歇山顶结构的建筑,此宫建于明永乐十一年(公元1413年),是武当山上保存较完整的宫观之一。它凭借山势的壮丽,采取欲扬先抑、先疏后密、首尾相顾的建筑手法,成为我国独具特色的一座道教宫殿。因为此地周围的山峦天然形成了一把二龙戏珠的宝椅,所以永乐皇帝将这里封为"紫霄福地"。

紫霄宫主要由龙虎殿、十方堂、紫霄殿、父母殿、东宫、西宫等建筑构成。从刻有"紫霄福地"匾额的福地殿进入龙虎殿,可见青龙、白虎泥塑神像侍立两旁,形象威严。沿数百级台阶循碑亭穿过十方堂,有一座宽敞的方石铺面的大院落,院上三层饰栏崇台,台上便是紫霄宫的主殿——紫霄殿。紫霄殿进深五间,重檐九脊,翠瓦丹墙。殿中石殿须弥座上的神龛内供奉真武大帝老年、中年、青年塑像和文武仙人坐像,两旁侍立金童玉女、君将等,铜铸重彩,神态各异,是我国明代艺术珍品。殿内左侧放着一根数丈长的杉木,若敲击一端,另一端可听到清脆的响声,而称为"响灵杉"。紫霄殿后是父母殿。此殿崇台高举,秀雅俏丽,殿内正中的神龛上供奉真武神的父母,即净乐国国王明真大帝和善胜皇后。

参观完紫霄宫,现在我们来到了武当山三十六岩中最美的一岩——南岩。南岩因岩体朝向南方而得名。相传,这里是真武大帝得道飞天的"圣境",也是武当山自然景观和人文景观高度结合的一处景点。大家看,那座立于悬崖峭壁之上的建筑,相传是真武大帝得道升天后所住的宫殿,它出名不仅是因为它所处的地理位置极为险峻,更是由于它的建筑特点堪称一奇。

我们现在看到的南岩石殿(天乙真庆宫石殿)面阔和进深均为3间。整个石殿雕工精细、技艺高超,尤为不可思议的是其梁柱、檐椽、斗拱和门窗均用青石雕刻,榫卯拼装,最重的构件重达上万斤。大家想想看,在当时的条件下,完全靠人的力量,这些重达万斤的石条是怎样被运送到如此高的山峰上的呢?人们至今也找不到一个合理的说法。由此,我们不得不对中国古代劳动人民超凡的能力和技艺产生由衷的敬佩之情。

在南岩,有一座伸出悬崖的石雕,历来被人们津津乐道。这座石雕叫龙首石,也就是人们常说的"龙头香"。龙头香长2.9米,宽0.3米,是古代工匠采用圆雕、镂雕、影雕等多种手法凿刻而成的浑然一体的两条龙。在万仞峭壁上悬空伸展的两条龙传说是真武大帝的御骑。正因为龙头香的神秘和其地位,信徒们为表虔诚,每次来武当山朝拜,都要烧"龙头香"而走上那悬崖峭壁。

由于下临万丈深渊,烧"龙头香"的人要跪着从窄窄的龙身上爬到龙头点燃香火,然后再跪着退回来,稍有不慎,就会粉身碎骨。毫无疑问,"龙头香"自明代建成以来,从上面摔下去的人不计其数,情形惨不忍睹。清康熙十二年(公元1673年),湖广总督下令"禁烧龙头香",并立碑告诫。碑文告诫人们说,神是仁慈的,心诚则灵,不一定非要到悬崖绝壁烧香才算是对神的崇敬,所以不要重蹈覆辙,丢掉宝贵的生命。

经过辛苦的跋涉,现在,我们已经登上了武当山的最高峰——天柱峰。大家请看,矗立在我们面前的这座建筑,就是令无数人神往的金殿。宋代时,这里只是一个铜铸小亭,元代时建成了铜殿,到了明朝,明成祖朱棣认为铜殿规制太小,下令搬走铜殿,重新修建金殿。这座金殿是在北京分块铸造成型后经水路运至武当山,再由人工搬运至海拔1612米的天柱峰峰顶后拼制而成的。

所谓金殿,其实是铜铸鎏金。所谓鎏金就是把黄金溶解在水银里,然后涂在器物表面,用以装饰。此殿仅面饰鎏金就耗费黄金60千克,是武当山等级最高的建筑。这座金殿经历了600余年的风雨雷电、严寒酷暑,至今仍然是金光夺目、辉煌如初,其熠熠光彩体现了中国古代匠师们高超的技艺,是我国古代科技水平和劳动人民智慧的历史见证。请大家往殿内看,金殿面阔进深均为3间,高5.5米,进深4.2米,宽5.8米。正中宝座上供奉的是真武大帝的坐像,该像面容端庄、衣纹飘动、风姿巍巍;两旁的金童玉女,拘谨恭顺、温文尔雅;擎旗捧剑的水火二将,勇猛威烈、气势夺人。这组呼之欲出的铜铸鎏金像和金殿一起构成了明代铜铸工艺的最高水平,是我国古代建筑和铸造工艺的绝妙之作。

游客朋友们,我们的武当山之行已接近尾声。非常感谢大家对我工作的支持和配合。同时,如果我的工作中有什么做得不好的地方还请大家多多批评指正。希望以后能有缘和大家再次相逢,为大家提供更好的服务。最后,祝大家旅途顺利、身体健康!

武当山模拟导游讲解视频

任务十一 神农架

任务描述

本任务对神农架进行了较为全面的介绍,包括地理位置、历史沿革、景区文化等,详细介绍了神农架的主要景区,并以神农架常规景区为例解析了游览的常规线路和讲解思路,提供了参考导游词和导游讲解的视频资料。

任务目标

掌握神农架的概况,了解神农架各景区的分布和特色,熟悉景区的历史文化知识及传说故事,理解神农架的讲解思路,通过本任务的学习能进行神农架的模拟导游讲解。

一、神农架认知

(一)神农架概况

1. 地理位置

神农架林区位于湖北省西北部,与房县、兴山、巴东、保康等地接壤,面积3253平方千米,林地占85%以上。2021年以来,在神农架国家森林公园范围内,森林覆盖率已超过96%,区内居住着汉族、土家族、回族等民族,截至第七次全国人口普查,常住人口数为66571人。神农架由神农顶、大九湖、神农坛、天燕景区等组成,是以原始森林风光为背景,以神农氏传说和纯朴的山林文化为内涵,集奇树、奇花、奇洞、奇峰与奇

神农架

风异俗为一体,以反映原始悠久、猎奇探秘为主题的原始生态旅游区。

神农架自然保护区建于1982年,于1986年被国务院列为森林和野生动物类型国家级自然保护区,1990年被联合国教科文组织纳入世界生物圈保护区。

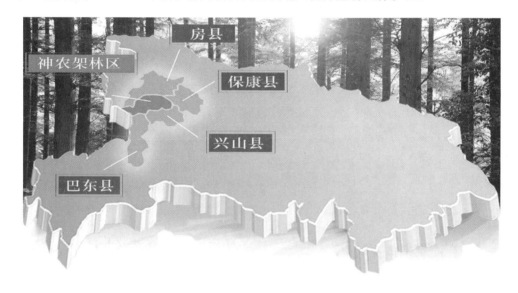

神农架林区区位图

2. 历史沿革

神农架林区是湖北省直辖县级行政单位,中国唯一以"林区"命名的县级行政区。位于湖北省西北部,西邻重庆巫溪、巫山二县。辖6个镇、2个乡,即松柏镇、阳日镇、红坪镇、木鱼镇、新华镇、九湖镇、宋洛乡、下谷坪土家族乡。林区政府驻松柏镇。境内另设有国家级森林和野生动物类型自然保护区、林业管理局。

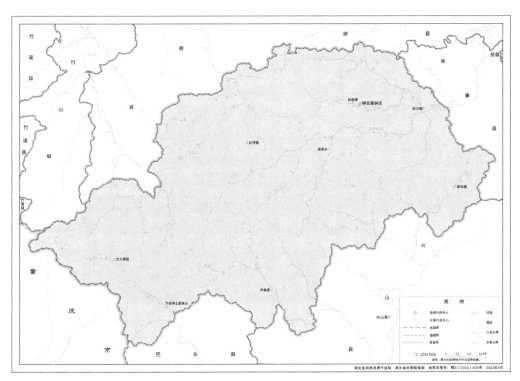

神农架林区地图

神农架地势由西向东,由南向北逐渐降低。山脉属秦岭山系大巴山脉东段,由西向东的横梁山、高脚岩、大窝坑、老君山、铙钹顶、太阳坪、光头山等形成神农架山脉。北坡属汉江流域,南坡属长江流域,北临武当山,南接巫山山脉,东连荆山山脉。西南部为亚高山区,东北部为中山、低山区。84%的地域在海拔1200米以上,海拔3000米以上的有小神农架、大神农架、神农顶、金猴岭、杉木尖大窝坑6座。最高处神农顶海拔3106.2米,最低点石柱河海拔398米,平均海拔1700米。

境内有香溪河、沿渡河、南河、堵河四大水系,大小河流317条,水资源丰富。属亚热带季风气候。矿藏有磷、铜、硅、铅锌、水晶、玛瑙、乌金等。209国道穿境而过。珍稀动植物有金丝猴、毛冠鹿、苏门羚、珙桐、香果树、领春木等。景点有神农架国家级自然保护区、国家森林公园、国家地质公园,大九湖国家湿地公园等。神农架因炎帝神农氏在此架木为梯,采尝百草,救民疾夭,教民稼穑而得名。1959年设开发神农架指挥部,由兴山县、房县分头进军筑路,于1966年会合通车。

1996年,神农架林区总人口约8.07万人。辖3个镇、12个乡:松柏镇、阳日镇、木鱼镇、新华乡、长坊乡、宋洛乡、盘水乡、官封乡、田家山乡、红举乡、板仓乡、东溪乡、九湖乡、红花乡、下谷坪土家族乡。区政府驻松柏镇。

2000年第五次人口普查,神农架林区总人口78242人。辖5个镇、8个乡:松柏镇25407人、阳日镇11493人、木鱼镇5174人、红花镇5714人、红坪镇2239人、新华乡4053人、宋洛乡8171人、官封乡1644人、红举乡1668人、板仓乡1322人、东溪乡2374人、大九湖乡2383人、下谷坪土家族乡6600人。

2004年末,神农架林区总人口78948人。辖松柏镇、阳日镇、木鱼镇、红坪镇和新华乡、宋洛乡、九湖乡、下谷坪土家族乡。共有7个居委会、71个行政村。

2005年末,神农架林区总人口78730人。辖松柏镇、阳日镇、木鱼镇、红坪镇和新华乡、宋洛乡、九湖乡、下谷坪土家族乡。

2009年,撤销新华乡,设立新华镇,以原新华乡的行政区域为新华镇的行政区域,镇政府驻樟树坪。2009年末,神农架林区总人口80321人。辖5个镇、3个乡:松柏镇、阳日镇、红坪镇、木鱼镇、新华镇、宋洛乡、九湖乡、下谷坪土家族乡,共有66个村委会、7个居委会,329个村民小组。

2010年第六次人口普查,神农架林区常住总人口76140人,其中:松柏镇31207人、阳日镇10085人、木鱼镇9089人、红坪镇5901人、新华镇3688人、宋洛乡6609人、九湖乡3657人、下谷坪土家族乡5904人。

2021年,神农架林区辖6个镇、2个乡:松柏镇、阳日镇、红坪镇、木鱼镇、新华镇、九湖镇、宋洛乡、下谷坪土家族乡。

3. 景区文化

神农架有一个神农文化园或称神农坛,是以神农文化和神农精神为主题的自然人文景区,分为四个部分:古老植物园、千年杉王、神农祭坛、购物长廊。神农文化园记录并展示了炎帝神农降牛以耕、焦尾五弦、积麻衣葛、陶石木具、原始农耕、日中为市、穿井灌溉的八大功绩。这既是先人的传说,也是华夏民族早期文明成果的概括性总结。

现在的神农架大力发掘神农文化,给神农架发展旅游经济建立一个支点,符合时代和带动地方经济发展的需要。

(二)神农架主要景区介绍

神农架是世界地质公园、国家5A级旅游景区、国家地质公园、国家森林公园、国家湿地公园、国家级自然保护区,入选世界生物圈保护区。

神农架是位于湖北省西部的一片群峰耸立的高大山地,横亘于长江、汉水之间,方圆3253平方千米,相传因上古的神农氏在此搭架上山采药而得名。神农架山峰均在海拔3000米以上,堪称"华中屋脊",是以秀绿的亚高山自然风光、多样的动植物种,以及人与自然和谐共存为主题的森林生态旅游区。

神农架主要景点有神农顶、神农谷(风景垭)、板壁岩、瞭望塔、小龙潭、大龙潭、金猴岭等,以原始、神秘闻名于世,区内山高谷深,林木茂密,气候复杂多变,四季景色迷人。独特的自然环境、人文历史,造就了极其丰富、珍贵的自然和人文景观,也孕育了景色宜人、钟灵毓秀的旅游环境,有"神农天园"之称。

神农架群山万壑,峰峦叠翠;峡谷天雕,奇洞天成;险崖瀑飞,锦石溪流;深山老林,云流雾绕;高山平原,碧海长天;构成一幅幅山水画卷,一个个诗画长廊。神农架以强大的魅力,吸引着无数中外游人,成为独特的游览胜地。

2016年7月17日,在土耳其伊斯坦布尔举行的第40届世界遗产大会上,联合国教科文组织把中国湖北神农架列入《世界遗产名录》。

1. 神农顶景区

神农顶景区位于神农架西南部,总面积883.6平方千米,是以保存完好的森林自然生态系统为背景,以生态多样性为特点,以体现人与自然和谐共存为主题的自然生态旅游区,是神农架重点风景名胜区之一。

神农顶景区的旅游特点可用"一二三四五"来概括:

一个传说:炎帝神农氏为救民疾曾在此搭架采药而得名"神农架"。

两个"第一":傲立华中的第一峰——神农顶;风景奇秀的神农第一景——神农谷。

三个"园":一是野生动物的乐园,区内有脊椎动物493种,其中属国家重点保护的野生动物79种,其中一级保护动物有金丝猴、华南虎、白鹳、金雕、林麝等。二是百草药园,药用植物超过了1800种,其中有很多名贵药材。三是植物大观园,区内有高等植物3084种,其中属国家重点保护的有珙桐、光叶珙桐、银杏、红豆杉、柏乐树等。

四种旅游功能:科考研学、生态教育、休闲避暑、猎奇探险。

五大常规景点:神农顶、神农谷(风景垭)、板壁岩、金猴岭、小龙潭。

(1)神农顶。

神农顶过去在万分之一的地图上只有标高,没有名称,所以被称作"无名峰"。1981年神农架林区人民政府获湖北省人民政府批准,将其正式定名为"神农顶"。清代《兴山县志》称这里为"神农山",因相传神农氏曾在此采尝百草而得名。神农顶箭竹丛生、冷杉林立、杜鹃争艳、四季常青,古代民间又称它为"四季山"。1942年,当时的房县县长、神农架探察团团长贾文治赋诗云:"苦竹成林杉蔽空,龙盘虎踞势豪雄。登临方知群山小,此是华中第一峰。"之后,"华中第一峰"之称沿用至今。

神农顶是华中地区最高的山峰,海拔3106.2米,超出武当山最高峰天柱峰1494.2米、峨眉山最高峰万佛顶7.2米、华山最高峰南峰951.3米。神农顶为"金字塔"形山峰,是长江支流香溪河、神农溪的发源地之一,也是汉水支流南河、堵河的发源地之一。这里深藏矿产,山顶生长铺地柏、高山杜鹃、香柏、蕨类、苔藓、小丛红景天等。怪石参差,难以行走。山体由白云质灰岩、砂岩、页岩及穿插其间的基性火山岩、角砾岩等组成,位于神农架背斜东翼,定型于燕山运动,从燕山运动、喜马拉雅运动至今,仍在不断抬升。

神农顶年平均气温7.9℃,年均降水2500毫米,每年9月至次年4月为冰雪期。

冬春寒风凛冽,白雪皑皑;夏秋雨雾蒙蒙,凉风习习,难见其真面目。雨后新晴,举目远眺,群山俱俯,唯我独尊,依稀可见长江、汉水之缥缈雾带,山头似炊烟袅袅,令人心旷神怡。

神农顶还分布着众多珍稀动植物,冷杉林间不时可见白熊的踪影,苏门羚在草甸上觅食,麝獐在幽径上疾行,金丝猴成群结队,毛冠鹿奔逐嬉戏,铺地柏散发着阵阵幽香,小丛红景天点缀着茫茫山野……这里是神农架自然保护区西片的中心点,也是神农架高山风光和原始植被游览区的中心点。

(2)神农谷(风景垭)。

同步测试:说起神农架,你首先想到的是什么

神农谷位于神农架自然保护区神农顶景区内,因风景奇秀曾被称为"风景垭",被众多游客誉为神农第一景。风景垭,1970年神农架林区建制前为巴东与房县的界垭,又名"巴东垭"。1981年地名普查时发现与小神农架的巴东垭子重名,于是取其有"神农第一景"美誉之意,更名为"风景垭"。

燕山运动后,随着神农架地区的不断抬升,南部断层的软弱部位不断发生深切作用,致使垭南坡下切成深达千米的峡谷,分布于垭南坡的神农架群下亚群的碳酸盐岩,经过千万年的风化溶蚀,形成了今天石林丛生、如柱似笋的奇观。石林周围,竹海苍翠、杜鹃摇红、流云飞雾缠绕其间,固有"石林云雨"之称。

神农谷(风景垭)

(3)板壁岩。

板壁岩,因山势陡峭,形似板壁而得名。它是"野人"经常光顾的地方,林中多次发现"野人"的足迹、毛发和粪便等。板壁岩景点是一个典型的高山植被原始生态分布区,有高山草甸、箭竹、高山杜鹃,原始森林和形态各异的石林。山坡上簇簇高山杜鹃

散落在如绒的草甸上,微风起处,大片箭竹林如波涛翻滚。最为奇异的是,在20世纪70年代末,科考队员们两次在林里发现奇妙的窝。其中一个是用20根食指般粗细的箭竹扭结而成的,人坐在窝中,似靠在有弹性的躺椅上一样舒适。窝外有两堆粪便,里面有依稀可辨的箭竹和小动物残骸。这个窝绝非人类所为,必然是某种未知的奇异动物的杰作。

与云南的著名"石林"相比,板壁岩的石林别具特色。它没有云南石林的集中与壮观,却十分灵秀、别致。可能是岩质的原因,也可能是亿万年风霜雨雪侵蚀的结果,板壁岩的岩石都不是光滑的,而是刻满沧桑、嶙峋凹凸的。把这里的每块岩石搬到别的地方,都是一座漂亮、别致、放大了的盆景。

板壁岩

(4) 金猴岭。

金猴岭因这里是国宝金丝猴的主要活动区域之一而得名。在这里我们可以看到原始森林的五个特征:一是林间有苔藓、地衣;二是有藤本绞杀现象;三是有自然倒伏的腐树;四是树干上有附生的菌类;五是有伴生的兰科植物和地被物。

金猴岭平均海拔2500米,最高处为"华中屋脊"的六大支柱山峰之一,海拔约3019米,景区范围内主要树种是巴山冷杉。巴山冷杉是神农架亚高山寒温带生物气候区的代表树种,既是优良的用材又是绝好的风景树。它耐阴性强,能在林冠下更新,在立地条件良好的情况下多形成复层异龄林,这种林分的稳定性高,即使有少量其他树种如红桦、槭树、华山松等侵入,也不会发生树种演替。巴山冷山在本区亚高山地带形成了顶级群落和典型的原始森林。

沿着金猴溪溯流而上,来到原始森林,展现在人们面前的是一个五彩缤纷、层次分明的植物世界。挺拔的冷杉构成第一个层次的高大乔木,其外表四季皆呈碧绿色。冷杉一般高20米左右,胸径1米左右,最粗的须3人才能合抱。冷杉的主干上,10米之内绝少旁枝侧叶,10米以上才平伸出许多侧枝,然后挺拔向上,到顶端便你缠我绕,甚为亲密,因此形成了一些"姊妹树""连理枝""二人世界",还有"三口之家""四世同堂",当然"单身贵族"也不少。第二层次的乔木有桦树和栎树等阔叶树种。这些乔木身上,多有藤本植物缠绕,有的从根部到梢部都被裹得严严实实。每逢开花季节,树上树下都是花,简直分不清是树花还是藤花。第三个层次由名目繁杂的灌木所构成。灌木丛中躺着一些自然倒伏的大树,大树上长满了青苔,青苔上生长出五颜六色、形态各异的菌类。兰花、开口箭之类或附身于倒木,或混迹于灌木丛。

金猴岭与金丝猴

(5)小龙潭。

小龙潭海拔约2300米,位于金猴岭脚下,环境幽静、气候凉爽、景色宜人。这里有神农药材馆、"野人梦园"、野生动物救护站、夏令营基地等。金丝猴是中国特有的珍稀动物,按照它们的分布区域,分别称为川金丝猴、滇金丝猴、黔金丝猴。

神农架的金丝猴属于川金丝猴,是我国三种金丝猴中分布最广的一种。它们灵敏、温和,与灰黑色的黔金丝猴和棕黑色的滇金丝猴相比,成年川金丝猴拥有柔软细密、光泽如丝的金黄色毛发,是名副其实的金丝猴,传说中的美猴王孙悟空的原型就是川金丝猴。

据考察,神农架自然保护区金丝猴分布在海拔1700—3100米的森林中,以大小神农架为中心。金丝猴基本上是日出而作,日落而息。当然,早上开始活动的时间也随季节、气候的变化而变化,气候寒冷的冬天,一般是太阳出来,温度慢慢升高以后,它们才逐渐活动起来。经过一夜的休息,金丝猴的栖息地往往弥漫着排泄物的气味。因此通常一开始活动,它们便离开这里,转移到另一个地点觅食,饱餐过后便会坐下来小憩,或三三两两地互相梳理毛发,或你追我赶、打打闹闹地嬉戏、玩耍。像人类一样,金丝猴有午休的习惯,醒来后它们会一边继续觅食,一边向栖息地进发。如果没有人为干扰或天敌的追捕,猴群一天能行进几百米,猴群的迁移路线主要与食物分布有关。

金丝猴以植物为食,采食多种木本、藤本植物的叶芽、枝皮和果实,喜食的植物有20余种。秋季各种植物的浆果和籽实是它们的美餐;冬春季主要采食冷杉、红桦、山杨的叶芽和松萝、苔藓、松果等。

小龙潭附近的金丝猴

一栋用四根柱子支撑起来的大窝棚就是"野人梦园"。"野人梦园"共分为3个展厅:第一个展厅主要是概述古今中外各地发现的"野人"及中科院三进神农架考察"野人"的基本情况;第二个展厅主要是生态摄影展,从"神农架群峰""神农架林海""神农架药园""野生动物""金丝猴""神农架迷宫"等方面来介绍神农架"野人"的最后一个避难所;第三个展厅从"野人"的生活、性情等方面进行介绍,还展示有"野人"的毛发、现场灌制的脚印、"野人"的毛发和粪便的光谱分析图……这些表明,神农架地区的确有一种既不同于现代人类,又不同于其他已知灵长类动物的存在。

野人梦园把这些年来关于"野人"的考察成果展示给人们,也是希望社会各界有志之士能一起破解千古之谜。

2. 大九湖景区

大九湖于2003年经神农架林区人民政府批准成立区级自然保护区,2006年经国家林业局(现国家林业和草原局)组织湿地专家考察,批准成为国家级湿地公园。大九湖并非湖,而是一片沼泽地,属山间盆地。这里也是一处高山湿地。高山湿地在我国并不多见。这里海拔约1700米,面积为36平方千米,中间却是17平方千米的平川,四周高山重围。若是在平原地区,这块平地是微不足道的,但是在"抬头见高山,地无三尺平"的神农架群山之中。出现这样大面积的平地,却是少见的,因此,大九湖享有"高山平原"的美称。

大九湖位于神农架的西麓,紧邻四川,靠近陕西,与重庆的巫溪、巫山交界,是神农架通向重庆的西大门,自古以来便有"一脚踏三省六县"之说,也是神农架的四个乡之一的大九湖乡政府所在地。这里最有趣的还是那些扎向平川中的山头,仔细数一下,

大九湖

就会发现有9座山峰,有的人看着觉得像是9条苍龙,在争饮甘醇,龙头、龙颈、龙身、龙尾无不形象逼真,活灵活现,又有人说那是倒拖在湖中的9条牛尾,山头依稀为牛腿、牛屁股。还有4句歌谣是这样唱的:"四川过来九条牛,走到九湖未回头,何时识得其中味,不出天子出诸侯。"

这两种说法不仅有形象依据,还有传说故事。"九龙争饮说"源于神农氏采药酿药酒时,引来了九龙争饮,造就了"四周山纵横,中间一地坪,绿树满坡生,水接天坑涉"的奇妙景观。相传,当年的大九湖是一片水乡,一溜排开的九个湖泊,黑水河贯通着彼此,不过湖中盛的并不是水,而是神农氏泡制的抗寒药酒,因而大九湖又叫大酒湖,酒香四溢,引来了9条苍龙,后来它们全喝醉了,也就永远留在了这里。

"九牛说"则印证着"薛刚反唐"的故事,薛刚是出身于大九湖的诸侯,唐中宗李显被其母后武则天贬为卢陵王驻守房州,却心系长安,做梦都想重返京城,再登帝位。后李显得神农老祖指点,特命薛刚为帅,在大九湖屯兵、练兵,待时机成熟便起兵直捣长安城,一举推翻武周王朝,恢复李唐王朝,李显再次登上皇帝的宝座。

大九湖确实堪作这段历史的见证,平原周围,分布着10个屯兵点,分别叫作一字号、二字号、三字号直到九字号、帅字号,它们即为当年各营将士营地和元帅大帐的所在地。帅字号位置居中,最为险要,是薛刚元帅的大帐。千百年来,一代又一代的人生活在这里,地名始终未改。

平原西面的山坡上至今保留着鸾英寨、擂鼓台等遗址,山槽间至今保留着卸甲套、九灯河的古名。鸾英寨即薛刚夫人纪鸾英的寨堡,它居高临下,易守难攻。擂鼓台即薛刚点将演阵的故址,场面开阔,可容万人。卸甲套流传着薛刚兵败,丢盔卸甲的故事。最方便游赏的还是那座"娘娘坟",它位于平原中部的南侧,是一个大土堆,堆上原长有两棵栎树,须3人合抱,前些年才被雷电劈倒。

大九湖在20世纪70年代开始了新的飞跃,继酒九公路修通后,神农架林区政府就制订了开发大九湖的计划,包括三大工程:一是修渠排水,变沼泽为田园,建成井格形的排水渠网,在此发展梅花鹿、巴山黄牛、马头羊的养殖;二是同时开展草场建设工程,种植红三叶、白三叶等优质牧草近万亩;三是开展药园建设工程,种植独活、党参、三七、杜仲、当归等多种药材,还种植粮食、山果等,这些都可成为当地农民致富的主要经济来源。

大九湖还有两个游客必到的场所。一是梅花鹿圈养场。梅花鹿是国家二级保护动物,它们体态玲珑、长相清秀,十分招人喜爱。我们所见到的梅花鹿原本不是神农架本地的,1986年,由国家科委(现科技部)和湖北省科委(现科技厅)联合立项,国家拨款22万元,在这里修建起5万平方米的梅花鹿圈养场。1987年10月10日,神农架在宜昌市接受由吉林省双阳鹿场赠送的22只梅花鹿和黑龙江省左家实验动物研究所赠送的10只良种梅花鹿,这些梅花鹿经过精心喂养,一直在大九湖繁育后代。二是"枯木逢春"。与梅花鹿圈养场东西相望的一棵400多岁的老栎树原本已在20世纪50年代枯死,但在20世纪80年代却发出新芽,长出新枝,重新焕发了生机,当地百姓把这称为大九湖腾飞的吉兆。

3. 神农坛景区

神农坛景区位于神农架木鱼镇南面6千米处的小当阳村,这是一个很有灵气的地方。迎面矗立在神农坛对面的绝壁经过长年的风化作用呈现出了形似奔马、状如流云的图案,更为奇特的是在绝壁上还有一幅栩栩如生的神农氏天然神像,而这却是在神农坛景区建成之后才发现的。神农坛景区是由我国著名的书画家钱绍武先生设计的,于1997年正式建成,是一个集人文景观和自然景观于一体的景点,分为古老植物园、千年杉王、神农祭坛等部分,另外还有反映神农风情的晚会可供观赏。

"霜皮溜雨四十围,黛色参天二千尺",杜甫的这首诗也许就是对这棵杉王的最好写照。这株铁坚杉的树龄已在千年以上,它饱经风霜,至今仍然巍峨挺拔、昂首云天、枝繁叶茂、葱茏劲秀,主干坚似青铜。古时人们为了祭祀神农求福免灾,曾在古杉的根部略加修凿,供奉神农金像,一时香火鼎盛。后来随着时间的流逝,它的伤口逐渐愈合,而金像也被大树裹在树根中了,古杉虽历经劫难,却保持着盎然生机,有着顽强的生命力,这是生命之树不老的象征。古杉高46米,直径2.38米,胸围7.5米,材积88立方米,庇荫面积120平方米,至少6人才可合抱。当代书画家钱绍武先生称它为杉王,并撰《杉王颂》立于树旁。

4. 天燕景区

天燕景区因北有燕子垭,南有天门垭而得名。主要景点有燕子垭、燕子洞、天门垭等。

燕子垭海拔约2200米,209国道穿崖而过,崖上松杉吐翠,红桦披锦,远观山崖旁两翼山岭似飞燕展翅,又因邻近著名的燕子洞,故名燕子垭。

燕子垭是人造堑口,1962年为使209国道贯通,108个工人,每4人1组,日夜两

千年杉王

班作业,用炸药炸开了这一人造豁口。什么叫"垭"呢?垭是一种地貌特征,两山之间的壑口就称为垭,凡被称为垭的地方,皆为交通之咽喉,有"一夫当关,万夫莫开"之势。燕子垭由大、小环形游步道相连呈 8 字形环线,全长 2800 米。燕子垭高峻横衍,苍翠如绘,其与天门垭南北相望,下临紫竹河谷,扼鄂西江汉间交通的咽喉要道。

燕子垭

二、神农架导游讲解思路分析

导游人员在带领游客游览神农架时,通常在游客中心下车后,换成景区交通车进行游览。第一站神农顶(小龙潭—金猴岭—神农谷—神农顶—板壁岩);第二站大九湖;第三站神农坛。关于神农架有很多讲解内容可以输出,根据其游览顺序,结合导游考试面试的时间要求,我们可以选择自己喜欢的内容作为主要讲解内容,如神农架概况介绍、主要景点介绍等。参考讲解的基本思路如下。

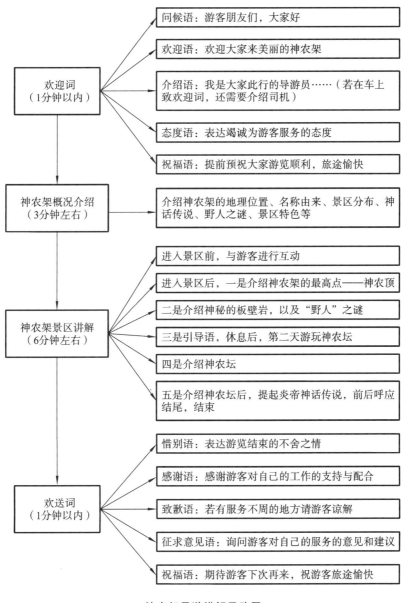

神农架导游讲解思路图

三、神农架参考导游词及讲解范例

神农架导游词

游客朋友们：

大家好！欢迎来到美丽的神农架,我是大家此行的导游员小张,这位是我们的司机陈师傅,陈师傅的驾驶经验十分丰富,大家可以放心观赏沿途的美景。咱们今天即将一起去游览的是享誉全球的神农架,一路上您若是有什么问题,请尽管提出来,我将尽力为您提供帮助。这里,先预祝大家在神农架度过一段愉快的时光。

刚刚说到神农架的时候,我用"享誉全球"这个词来形容,不知道大家有没有留意,这说的可是一点都不夸张。2016年,在第40届世界遗产大会上,神农架被联合国教科文组织列入《世界遗产名录》,荣膺"世界自然遗产"的称号。至此,湖北省第1项、中国第11项世界自然遗产落户神农架。神农架也成为中国首个获得人与生物圈保护区、世界地质公园、世界自然遗产头衔的"三冠王"。全球同时拥有这三个头衔的地区仅有两处,一处是我国的神农架,另一处是韩国的济州岛。

说了这么多傲人的头衔,大家一定对神农架充满了向往和期待。神农架林区位于湖北省西部,长江与汉水之间,是我国唯一以"林区"命名的县级行政区,面积约为3253平方千米。2021年以来,在神农架国家公园范围内,森林覆盖率已超过96%。相传炎帝神农氏曾率众在此搭架采药,教人们耕种,所以这里被称为神农架。神农架的主要景点有神农坛、神农顶、神农谷、板壁岩、小龙潭、大龙潭、金猴岭等,今天,我将带大家一起去游览神农坛景区和神农顶景区。

好了,现在我们已经到达了神农坛景区,请大家带好自己的随身物品依次下车,跟着我一起去游览。

神农坛景区地处木鱼镇,是神农架旅游的南大门,香溪由此缓缓南流。景区面积虽然不大,只有0.7平方千米,但整个景区内青山环抱,美丽而幽静。神农坛分天、地二坛,依山而建。天坛正中耸立着炎帝神农巨型牛首人身雕像。天坛之下为地坛,这里有可容纳数千人的广场。请大家看看广场上的图案,这些图案可都是有寓意的哟,大家不妨猜猜看,这大大的圆形和方形代表什么意思呢？对了,这位游客说得非常正确,大圆图案,代表天；圆心处的正方形,代表地,方形图案中,五彩石分别代表金、木、水、火、土五行。

请大家抬头仰望,炎帝神农氏的雕像双目微闭,似在静静地思索。雕像头顶上的两只牛角是根据传说中神农氏是牛首人身而设计的,而实际上牛角是古代农耕部落的图腾。炎帝神农氏首创牛耕,采药救民,光照千秋,不仅因遍尝百草,搭架采药而使神农架得此名称,更为子孙后代的发展与进步做出了巨大的贡献。神农雕像高21米,宽

35米,相加为56米,象征着56个民族欣欣向荣,子孙繁衍兴旺之意。

离开神农坛,我们即将去到的是神农架的制高点——神农顶。神农顶景区总面积约880平方千米,是神农架重点风景名胜区之一。神农顶景区位于神农架自然保护区的南部,景区内山峰海拔均在3000米以上,堪称"华中屋脊"。请大家往车窗外面看,这就是"华中第一高峰"——神农顶,海拔3106.2米。

关于神农顶有这样一个美丽的传说:相传古时候,一对热恋的青年男女为躲避财主的迫害,逃奔至神农顶,不料被闻讯赶来的财主及其家奴活活打死。神农老祖正巧采药到此,闻听此事,龙颜大怒,他当即抓出一把竹米环山一撒,密密麻麻的箭竹顿时将此山围得水泼不进、针插不入,财主和家奴因此被活活饿死或冻死在神农顶上,那些日晒夜露、风吹雨打的石头便是他们的化身,神农老祖又吐了两口仙气,点化了这对恋人,男青年变成伟岸的冷杉,女青年变成娇艳的杜鹃。那么,大家现在知道为什么这儿的箭竹、冷杉、杜鹃是交错相连的吧!

现在,我们已经来到了神农谷,这里因风景奇秀曾被称为"风景垭"。神农谷既有黄山的险峻,也有张家界的灵秀,同时还充满着变化莫测的神秘,被誉为"神农第一景"。由于气候及地形的原因,2011年之前,游客只能在观光平台上望景止步,无法窥其全貌。后来,景区沿陡峭的山壁悬空搭建了神农栈道,栈道全长5000米,海拔落差258米。神农栈道开放后,游客不仅可以登临高处远观山岭纵横、河流蜿蜒的壮丽景观,也可身临其境地感受流云飞雾缠绕其间的仙境般的感觉。人们常说:"不到风景垭,枉到神农架。"神农谷的景色如此迷人,大家可以在这里尽情地欣赏美景,摄影留念。

看了神农谷的美景,现在我们即将要去到的是板壁岩,这里因为有"野人"的出没和奇妙的石林而备受瞩目。在停车场周围就有大片的野生杜鹃林,每年5月至7月杜鹃花竞相开放,争奇斗艳,十分好看。杜鹃花是中国十大名花之一,神农架野生杜鹃有6属19种之多,属于高山杜鹃家族。由于板壁岩周围的杜鹃林相当集中,这里也曾是神农架国际杜鹃花节的开幕式场地。

现在我们所在的板壁岩就是传说中"野人"经常出没的地方。这里箭竹漫山遍野、密不透风。人们曾多次在这里发现了"野人"的脚印、毛发、粪便和竹窝。"野人"的毛发无论是从表面还是细胞结构,均优于高等灵长类动物。野人的脚印长约25厘米,步幅约2.7米,我们可以想象野人的身材非常高大。最令人惊叹的还要属野人的窝,窝是用20多根箭竹扭曲而成,躺在上面视野开阔,舒适如同靠椅,而这绝非猎人所做,更非猿类、熊类所为,它的制造和使用者很可能就是介于人和高等灵长类之间的奇特动物。

"野人"的传说在世界各地流传甚广,在美洲被称为"大脚怪";在青藏高原被称为"雪人";在神农架地区被称为"野人""毛人""山鬼"等。在世界各地,所有关于"野人"

的传说都近乎重复着同一个形象:全身长毛、外观像人、无语言能力、直立行走……这些描绘显然不同于鬼神崇拜,而完全符合哺乳类动物的基本特征。自古至今,不同地区、不同民族、不同的历史时期,重复着同样的"野人"故事。我国科学家将这种神秘动物称为"未知的高大灵长目动物"。"野人"这种奇异的生命迹象吸引着全世界探索自然之谜的人们,它是举世瞩目的世界之谜。而我国神农架则是世界上最可能藏有谜底的地区。

好了,游客朋友们,我们今天的神农架之旅就到此结束了。非常感谢大家对我工作的支持和配合。同时,如果我的工作中有什么做得不好的地方还请大家多多批评指正。希望有缘和大家再次相逢,为大家提供更好的服务。最后,祝大家旅途顺利,身体健康!

神农架
模拟导游
讲解视频

任务十二　恩施大峡谷

任务描述

本任务对恩施大峡谷景区进行了较为全面的介绍,包括地理位置、历史沿革、景区文化等,详细介绍了主要景点,并以恩施大峡谷景区为例解析了游览的常规线路和讲解思路,提供了参考导游词和导游讲解的视频资料。

任务目标

掌握恩施大峡谷景区的概况,了解主要景点的分布和特色,熟悉景区的历史文化知识及恩施的民族民俗,理解恩施大峡谷景区的讲解思路,通过本任务的学习能进行恩施大峡谷景区的模拟导游讲解。

恩施大峡谷

一、恩施大峡谷景区认知

(一) 恩施大峡谷景区概况

1. 地理位置

恩施大峡谷位于湘、渝、鄂三省交界处,是清江流域最美丽的一段,被誉为"全球最美丽的大峡谷",万米绝壁画廊、千丈飞瀑流芳、百座独峰矗立、十里深壑幽幽,雄奇秀美的世界地质奇观与美国科罗拉多大峡谷不分伯仲。2004年8月,中法联合探险队来到恩施,在崇山峻岭之中,意外地发现了一条美得令人窒息的大峡谷,命名为"恩施大峡谷"。这里是"东方情人节——土家女儿会"的发源地,这里是中国最大峡谷实景音乐剧《龙船调》的所在地,这里是"地球最美丽的伤痕"——云龙河地缝的所在地,这里是被外媒评为"中国最美的40个景点"之一的"一炷香"的所在地,这里被誉为"世界地质奇观——东方科罗拉多"。恩施大峡谷距恩施市区49千米,距利川市区39千米。它先后被评为国家5A级旅游景区、国家地质公园,灵秀湖北十大旅游名片之一。神秘险峻的恩施大峡谷,拥有"清江升白云""绝壁环峰丛""天桥连洞群""暗河接飞瀑""天坑配地缝"五大奇观。峡谷中遍布绝壁悬崖、流水飞瀑、千仞孤峰、壮观地缝、原始森林、乡村梯田,步步为景,美不胜收。恩施大峡谷拥有七星寨和云龙地缝两大核心景区,天坑、地缝、绝壁、峰丛、岩柱群、溶洞、暗河等地质景观一应俱全,被称为"喀斯特地

恩施大峡谷景区导览图

形地貌天然博物馆",拥有众多世界级旅游资源。

2. 历史沿革

1949年11月6日,恩施解放,翌日成立恩施县人民政府。

1982年4月30日,原县城及郊区168平方千米范围成立恩施市,实行县市分治。

1984年1月,撤销恩施县,将其行政区域全部并入恩施市。50多年以来,恩施市(县)一直是恩施专署、恩施地区行署驻地和恩施土家族苗族自治州首府。

2007年10月,建造绝壁长廊,又叫"绝壁栈道",全长488米,118级台阶。

由湖北恩施生态文化旅游发展有限公司投资建设山水实景音乐剧场,总投资2.6亿多元,占地面积240亩,总建筑面积4.9万平方米,是世界上最大的峡谷实景剧场,演出剧目为山水实景音乐剧《龙船调》。

2012年,恩施大峡谷启动创建国家5A级旅游景区。

2015年7月,恩施大峡谷正式成为国家5A级旅游景区。

3. 景区文化

自古以来,恩施就是巴楚文化的发祥地,有距今200多万年的"建始直立人遗址",中国南方第一佛教石窟"仙佛寺","武陵第一寨"鱼木寨,古建筑群"大水井",土家吊脚楼等独特的旅游资源。节日期间,这里有游览恩施大峡谷自然景观,体验土家女儿会、撒尔嗬、傩戏等活动。在州城各广场上,恩施地方戏剧、民族舞蹈和民族歌曲等联袂上演,各种土(家)苗民族特色小吃让游客大饱口福。旅游节成了展示恩施独特的自然风光和土家族风情一个窗口。

(二) 主要景点介绍

恩施大峡谷景区的主要景点可概括为一段地缝,两条河流,三大板块,四大神奇。

一段地缝:指云龙地缝。"地缝"现在已经是地质学界接受的一个"喀斯特地貌"术语,它是指非常狭窄且有相当深度与长度的流水沟谷,形态上表现为地壳表面的一条深切"天然岩缝"。由于其形成、保存十分困难,"地缝"也就成了旅游的热门景点。一般的地缝是下窄上宽,也有的是上窄下宽,而像云龙地缝上下垂直,宽度基本一致,断面呈U形的地缝极为罕见,目前世界上只发现罗马尼亚有类似的地缝,所以它的稀缺性、独特性可见一斑。

两条河流:一条是从利川而来的雪照河,另一条是从奉节而来的云龙河。云龙河的水量大,雪照河的河道长,根据"唯远为源"的原则,将雪照河上游都亭山作为清江的正源。新近探察出云龙河上游的长度可能超过雪照河上游的长度,对清江的源头又有新论。两条河流给大家带来的礼物都不同凡响,雪照河带来了"世界第一杉""亚洲第一洞",云龙河带来了世界罕见的天坑、地缝和暗河。

三大板块:大峡谷共分为五个功能区,主要有三大板块。一是朝东岩板块,以探险旅游为主;二是大山顶板块,以休闲度假为主;三是七星寨板块,以山水观光为主。

四大神奇:一是清江升白云。大峡谷由于有清江的凝聚,每逢雨过天晴,升起的云海像一条腾飞的巨龙,蜿蜒曲折,延绵百里,形态丰润,美不胜收。二是绝壁环峰丛。喀斯特地貌一般情形是"有绝壁者无峰丛,有峰丛者无绝壁",大峡谷不仅兼而有之,而且面积大、品位高。既有四面绝壁凌空者,又有四面绝壁落陷者。其他地区多见单面绝壁、双面绝壁,我们这里是三面绝壁和四面绝壁,目前,这么大规模的多面绝壁在世界上并不多见。三是天桥连洞群。洞穴群落是大峡谷中又一特点。据不完全统计,大峡谷沿线有大小洞穴200余个,最大的是利川腾龙洞。暗河上的"热云洞",一年四季云雾飘飘,石壁相隔形成的两个洞口,一洞口出热风,另一洞口出冷风,冷热交融,烟雾缭绕。更有天桥匹配,水天相谐,人物相映,宛如世外仙境。四是地缝接飞瀑。地缝怪石遍布,五彩斑斓,古木苍翠,碧流潺潺,尤其是地缝两岸的数条飞瀑流泉,令人震撼而神怡。

1. 云龙地缝景区

云龙地缝呈U形,上下垂直一致,全长3600米,平均深度75米,是奇异独特的喀斯特景观。云龙地缝囊括了众多旅游资源单体,外部绝壁巨壑环抱,重峦叠嶂,地形多变;地缝内流水淙淙,飞瀑跌落,五彩黄龙瀑布、彩虹瀑布、云龙瀑布、冰瀑、沐抚飞瀑都是观景的好去处。大峡谷绝壁和峰丛兼而有之,或绝壁凹陷于丛峰之中,或绝壁凌驾于丛峰之上,全球目前尚未发现类似奇景。在恩施大峡谷大量出现的岩溶石柱和石柱林,是具有典型性和唯一性的特殊地貌体系,日渐成为当今全球喀斯特地貌研究的一个新领域,对其分布规律、形态成因的分析研究有重要的科学意义。

　　云龙地缝至少形成于5千万年前,从地缝顶部到地缝底部的地层主要为形成于2.1亿—2.9亿年前、跨二叠纪与三叠纪的石灰岩;全长3.6千米、平均深度75米,平均宽度15米,两岸陡峭,飞瀑狂泻,缝底流水潺潺,上通天水暗河,下联莽莽清江。云龙地缝共有7条半瀑布(有一条瀑布叫"半流瀑",丰水期有,枯水期无,故称半条瀑布)。云龙风雨桥上游那条瀑布水质清澈且在阳光的照射下会出现彩虹,游客如果有幸见到这道彩虹,则会显贵发达。云龙风雨桥下游的那条瀑布,名为开阳瀑布,瀑布水中含有黄铁矿,其天长日久冲刷卵石,石头就变成了五彩颜色,因此又叫五彩黄龙瀑布,下方即是五彩河。神话中女娲补天所用的五彩石,正是这种石头。云龙地缝曾是云龙河的伏流段,以暗河形式沉睡地下二三千万年,后因水流在地下强烈掏蚀、在地表不断剥蚀,致使暗河顶部坍塌,地缝才得以面世,成为恩施大峡谷一大奇观。

云龙地缝

经中国地质大学实地考证,云龙地缝是世界上唯一两岸不同地质年代的地缝。右岸为1.8亿—2.3亿年前形成的三叠纪地层,左岸是2.5亿—2.8亿年前形成的二叠纪地层。原因是在早期地壳变动中,由于断裂作用,三叠纪地层与二叠纪地层呈断层接触,后经过山地抬升和水流沿断裂薄弱带长期下切、侵蚀,从而形成现在的深谷地缝。

2. 七星寨景区

1)七星寨—小楼门景区

小楼门险中有夷,狭可通车,三峰耸峙,一门洞开。

同步测试:
介绍恩施土家族的民风民俗

七星寨—小楼门景区下方

(1)斜塔峰。

在世界北纬30度线上还有个比萨斜塔(意大利),科学家伽利略当年在比萨斜塔上,做过测定重力加速度的著名实验。假如他当年知道有此峰,可能实验场所就选择在恩施大峡谷了。

(2)小楼门。

小楼门下绿树掩映、疏村稀户、阡陌交通、鸡犬相闻,再现了陶渊明笔下武陵源的场景。人们在这里可以从幽谷中走向光明,可以感受混沌初开的妙趣。

(3)龙门石林。

龙门石林,取"鱼跃龙门、一举夺魁"之意。传说前山有一个姓盛的秀才,聪慧过人,才高八斗,过目不忘,出口成章,可长相奇丑,满脸麻子,还瘸了一条腿。某年他乡

七星寨—小楼门景区上方

试、会试接连高中,终于到了殿试。皇帝一见到他的尊容便心中不悦,问道:"你的脸是怎么搞的?"他回答:"回圣上,这是'麻面映天象,捧摘星斗'。"皇帝觉得这人奇怪,又问:"那你的瘸腿呢?"他又回答:"回圣上,这是'一脚跃龙门,独占鳌头'。"皇帝赞赏他的机敏,又问:"如今天下谁的文章写得最好?"他不假思索地说:"天下文章属吾县,吾县文章属吾乡,吾乡文章属吾弟,吾弟请我改文章。"皇帝大喜,读完他的文章后,拍案叫绝,于是钦点他为状元。

2)七星寨—中楼门景区

相传,女娲就是通过中楼门完成补天的,山顶还有一乘"七星轿",那是她的专轿,她舍不得坐,常把七星轿作为从天星谷到南天门运输五彩石的工具。

(1)群星岭。

众多的石头就像天上的繁星。其实女娲炼成的五彩石只是补天的主要材料,还需要许多辅助材料。这座群星山就是女娲储备的辅助材料。

(2)鞠躬松。

黄山的"迎客松",天下闻名,迎客松是张开双臂笑迎天下游客。大峡谷这棵松却代表我们好客的恩施人民向远方的游客深深地鞠个躬,既表示欢迎,又代表恭送。

3)七星寨—大楼门景区

大楼门是七星寨景区的精华所在,这里的一峰一柱都是大自然的鬼斧神工造就的。在这里既可以看到金戈铁马之气势,又可以欣赏到清风明月的大文章。这里的景点都是稀世珍品。

七星寨—中楼门景区

（1）一炷香。

"一炷香"傲立于群峰之中，晴空万里时，一朵白云叠在峰顶，远远看去就像天上的香火，宛若仙境；阴雨天气时，升起的一层薄雾，就像一缕青纱，将它打扮得若隐若现，妩媚动人。从地质学上讲，由于受长江水系、清江水系长期交错的影响，岩体不断地遭到流水的侵蚀和冲刷，才形成如今陡峭的石柱。由于保存极度困难，地球上类似细长的石柱并不多见，最长、最大的莫过于此。

一炷香是大峡谷的"镇谷之宝"，高150米，柱体底部直径6米，最小直径只有4米，在同类喀斯特地貌中十分罕见，为恩施大峡谷标志性景观。2009年10月17日CCTV-10《走进科学》栏目报道了"擎天一柱"千年不倒之谜，2012年美国探险家迪恩·波特在"一炷香"旁创造了41米无保护措施的高空走软绳纪录；2013年美国CNN把"一炷香"评为"中国最美的40个景点"之一；2014年《美国国家地理》杂志正式推出了恩施大峡谷地貌风光片。

（2）天路。

从登天阁到登天门共有181步天梯，"100"表明功德圆满，"81步"说明没有一步登天的道理，要登天就必须登上九九八十一步台阶，每登一步离天更近一步。回味人生之路不也如此，越是看不见尽头的路，就越具挑战性，每登一步也意味着更接近成功。

(3) 母子情深。

此峰宛如一个土家族女子抱着一个婴儿亲脸蛋。这深情的一吻,见证了母爱的伟大,是大自然的杰作。

"镇谷之宝"——一炷香

二、恩施大峡谷景区导游讲解思路分析

导游人员在带领游客游览恩施大峡谷景区时,通常在游客中心下车后,换成景区交通车进行游览。第一站为云龙地缝景区,第二站为七星寨景区。关于恩施大峡谷有很多内容可以讲解,根据其游览顺序,结合导游考试面试的时间要求,我们可以选择自己喜欢的内容作为主要讲解内容。例如,介绍恩施的土家族文化、主要景区等。参考讲解的基本思路如下。

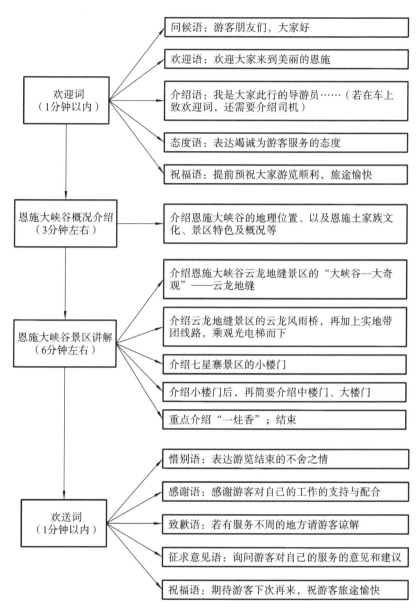

恩施大峡谷景区导游讲解思路图

三、恩施大峡谷景区参考导游词及讲解范例

恩施大峡谷景区导游词

游客朋友们：

大家好！欢迎来到"世界硒都"湖北恩施，我是大家此行的导游员小张，前面为咱们开车的是驾驶经验丰富的李师傅。今天，我们即将游览的是壮丽雄奇的恩施大峡

谷,在接下来的行程中,我们会竭尽全力为各位提供优质的服务。希望我的讲解和恩施的美景能给您留下一段美好的回忆。

大家都知道美国的科罗拉多大峡谷吧,在湖北,有一个地方能与它比风景、论壮阔。您知道是哪吗?对了,就是神奇美丽的恩施大峡谷。2004年8月,中法联合探险队来到恩施,在崇山峻岭之中,意外地发现了一条美得令人窒息的大峡谷,命名为"恩施大峡谷"。峡谷全长108千米,面积达300余平方千米,距离恩施市区49千米,不偏不倚地落脚于神秘的"北纬30度",是世界著名的大峡谷,被誉为"世界地质奇观——东方科罗拉多"。恩施大峡谷目前有云龙地缝、七星寨两大核心景区,在这里,您除了可以享受宁静秀丽的山水,还能看到"清江升白云""绝壁环峰丛""天桥连洞群""暗河接飞瀑""地缝配天坑"五大地貌奇观。今天,我将带领大家着重游览云龙地缝、绝壁长廊和一炷香等代表性景观。

现在我们经过的这里就是云龙地缝了,"地缝"现在已经是地质学界接受的一个"喀斯特地貌"术语,指非常狭窄且有相当深度与长度的流水沟谷,形态上表现为地壳表面的一条深切"天然岩缝"。由于其形成、保存十分困难,"地缝"也就成了热门的旅游景点。一般的地缝是下面窄、上面宽,有的是上面窄、下面宽,而像云龙地缝上下垂直,宽度基本一致,断面呈U形的地缝极为罕见,目前世界上只发现罗马尼亚有类似的地缝,所以它的稀缺性、独特性可见一斑。云龙地缝至少形成于5千万年前,从地缝顶部到地缝底部的地层主要为形成于2.1亿—2.9亿年前、跨二叠纪与三叠纪的石灰岩;全长3.6千米、平均深度75米、平均宽度15米,两岸陡峭,飞瀑狂泻,缝底流水潺潺,上通天水暗河,下联莽莽清江。云龙地缝共有7条半瀑布。之所以有半条瀑布,是因为有一条瀑布叫"半流瀑",丰水期有,枯水期无。大家看到的云龙风雨桥上游那条瀑布,水质清澈且在阳光的照射下时常出现彩虹。云龙风雨桥下游的那条瀑布,名为开阳瀑布,瀑布水中含有黄铁矿,其长期冲刷卵石,石头就变成了五彩颜色,所以这条瀑布又叫五彩黄龙瀑布,它的下方即是五彩河。传说女娲补天所用的五彩石,正是这种石头。

云龙地缝曾是云龙河的伏流段,以暗河的形式沉睡在地下二三千万年,后因水流在地下强烈掏蚀、在地表不断剥蚀,致使暗河顶部坍塌,地缝才得以现世,成为恩施大峡谷一大奇观。

接下来,我们将去到七星寨景区。游览了小楼门,我们现在所在的位置就是绝壁长廊,又称为"绝壁栈道"。它始建于2007年10月,全长488米,共118级台阶,位于海拔1700多米、净高差300多米的绝壁山腰间。绝壁栈道的修建历时一年零八个月,既汲取了巴蜀古栈道的营造法,又结合了现代钢筋混凝土施工的先进工艺,科学安全,大气壮观。栈道共有七道弯八道拐,寓意为"路七弯八拐,心始终如一"。正所谓:"北斗七星有七斗,绝壁栈道有七抖;经过一番惊吓后,人生道路手拉手。"

走过中楼门,现在陡然矗立在我们面前的就是大峡谷的"镇谷之宝"——一炷香,它高150米,柱体底部直径6米,最小直径只有4米。它风吹不倒,雨打不动,傲立群峰之中千万年,守护着这片神秘的土地。相传,这根石柱是天神送给当地百姓的一炷香,如遇灾难将它点燃,天神看到袅袅青烟,就会下凡来救苦救难,所以当地百姓称它为"难香"。从地质学上讲,由于受长江水系、清江水系长期交错的影响,岩体不断地遭到流水的侵蚀和冲刷,才形成如今陡峭的石柱。由于保存极度困难,地球上类似细长的石柱并不多见,而最长、最大的莫过于此,这在同类喀斯特地貌中十分罕见。中央电视台《走近科学》栏目、《美国国家地理》杂志都曾对这一标志性景观进行了报道。

在恩施大峡谷,我们不仅能看到像一炷香这样的峰丛,还能看到或凹陷于峰丛之中,或突出凌驾于众峰之上的绝壁。喀斯特地貌一般有绝壁者少峰丛,有峰丛者少绝壁,而这里不仅兼而有之,而且面积广大,蔚为壮观。在恩施大峡谷中大量出现的岩溶石柱和石柱林,是具有典型性和唯一性的特殊地貌体系,日渐成为当今全球喀斯特地貌研究的一个新领域。今天,我们也来探个究竟。

恩施大峡谷山体多见为馒头状溶丘,为丘丛和峰丛洼地,崇山峻岭,山峦逶迤,河谷峡深。大峡谷穿行在恩施盆地和利川盆地之间的喀斯特地貌中,山岭都有整齐的顶峰线,海拔大致分为1800米、1600米、1200米等多级多层次。一方面,由于恩施大峡谷地处云贵高原东北边缘,其所在区域高原地貌形态并不典型,但多级多层次剥离面的存在保持了高原地方的原始痕迹,这对古地貌形态的研究提供了证据。另一方面,由于受地质构造运动,尤其是喜马拉雅运动和新构造运动以来的内力作用和以清江水系为主的外力侵蚀作用的影响,这里的云龙河暗河水系、鹿院坪天坑等非常壮观。恩施大峡谷将3亿年的地质变迁史展示给了世人。在300平方千米的土地上,集溶洞、暗河、地缝、天坑、峡谷、高原等地质景观于一体,堪称"喀斯特地形地貌天然博物馆"。

游客朋友们,欣赏了恩施大峡谷神奇秀美的自然风光,您是否深深地陶醉其中而又意犹未尽呢,这里山川秀美、人杰地灵,以土家女儿会为代表的土家族风俗更是令人心驰神往,如果您还想了解更多,晚上可以观看大型山水实景音乐剧《龙船调》,去领略土家族儿女特有的风情。

好了,游客朋友们,今天的恩施大峡谷之旅即将结束。非常感谢大家对我工作的支持与配合。同时,如果我的工作中有什么做得不好的地方还请大家多多批评指正。希望能有缘和大家再次相逢,为大家提供更好的服务。最后,祝大家旅途顺利、身体健康!谢谢!

恩施大峡谷景区模拟导游讲解视频

项目三
现场导游考试答题环节的认知

项目描述

本项目详细介绍了全国导游资格考试湖北省面试抽选答题环节的有关流程,并根据考查内容,重点整理了相关题型、题目。

职业知识目标:了解现场导游考试答题环节的相关流程,包括答题细节、重点内容等。

职业能力目标:通过对相关知识点的学习,考生能够对导游服务流程、应急情况处理等有所了解,从而提高个人综合素质。

职业思政目标:通过知识问答的方式,促使考生提高对湖北省旅游业发展的认识,以及处理突发事件的能力,从而进一步增强对客服务、对行业奉献的意识。

项目目标

现场导游考试以室内模拟考试方式进行,考试重点在于考查考生的服务能力和个人素质,不仅要注重考查考生景点讲解的熟练与准确程度,更要注重考查考生的综合素质和潜质。

在本项目的学习中,将重点提高考生对导游应具备的基本素养的认识、考生对导游知识和综合知识的掌握程度和应变能力,从而帮助考生提前进入职业角色。

任务一 现场答题环节的流程与技巧

任务描述

本任务对现场答题环节进行大致的介绍,包括现场抽题、答题时间等,为考生还原了现场答题环节的真实场景。

任务目标

了解现场答题环节,熟悉现场答题步骤,掌握现场答题的简单技巧。

一、现场答题环节流程

(一)抽题环节

在考生完成景点模拟讲解后,面试考官会拿出现场答题的抽题卡,一般为50张,每张上标有序号,为1至50,每个数字对应1套题目,1套题目共3小题,分别考查导游规范、应变能力、综合知识3个方面。考生经过考官同意后,可在题卡中抽出一张,抽出题卡的卡号即为考生即将作答的考题,看清题卡序号后需将卡片还给考官。

(二)读题环节

在考生完成抽题环节之后,考官将收回题卡,告知考生是几号套题,并打开试题册,找出对应的题目。接着考官将会询问考生是否准备妥当,得到肯定的回答后,考官会按照顺序朗读套题中的3个题目,并请考生依次作答。考生每回答完毕一题,考官才会朗读下一题。

(三)作答环节

考生在抽完题卡,看清卡片题号之后,应迅速还给考官,并调整好站姿,做好准备,等待考官的下一步指示,听清题目后迅速作答。

二、现场答题环节技巧

(一)沉着冷静

考生在结束现场模拟讲解后,可做3至5次深呼吸,调整好状态,沉着冷静地进入下一阶段的答题环节。在抽选题卡的环节,一般考官会给予明确的指令,考生听到指令后再进行抽卡。如果稍做调整后,考官未发出明确指令,也可以礼貌询问考官是否可以开始抽题。

(二)仪态大方

考生进行面试时,应着装整洁,不穿奇装异服,不佩戴过多饰品。回答考官提问时,要身姿挺拔,自信、大方、自然,不能扭捏腼腆、惊慌失措或心不在焉。

(三)适当互动

考生在现场考试时,可适当与考官交流。在考官宣读题目未听清时,可大方地请考官重新宣读。在听清题目后,可进行简单的思考,然后在脑中整理题目答案,但时间不宜过长,最好不要超过1分钟。开始作答之前,可说一些礼貌用语,如"谢谢考官,我的答案是……"等。在回答完题目后,可说"以上是我的答案,回答完毕"等。如不清楚题目答案,可谦虚地回答"不好意思,我不清楚答案"等,切忌一直思考,不做出明确的回答。

知识活页:现场答题环节的题型

同步测试:现场答题环节的知识储备包括哪几方面

同步案例

1. 导游人员的知识体系包括哪些方面的内容?

答:①语言知识;②史地文化知识;③政策法规知识;④心理学知识;⑤美学知识;⑥政治、经济、社会知识;⑦国际知识;⑧旅行知识。

2. 旅游团所乘汽车在行驶中突然遇到龙卷风,导游人员应如何处理?

答:①让司机立即停车;②组织旅客尽快撤离;③带领旅客躲到远离汽车的低洼地或紧贴地面平躺,并提醒旅客注意保护头部。

3. 我国旅游职业道德的特点包括哪几个方面?

答:主要包括先进性,高尚性,广泛的适应性,高度的自觉性和实践性,多层次性等五大方面。

(资料来源:整理自往年湖北省导游面试真题。)

任务二 导游规范问答

任务描述

本任务对历年出现的导游规范类的真题进行了梳理,并根据不同的考点进行了归纳总结,方便考生在最后备考期间冲刺复习。

任务目标

考生通过本任务的学习,能掌握导游规范类问题的重要考点和题型。

一、导游、导游服务

(一)导游服务

1. 导游服务的概念

例题:什么是导游服务?

参考答案:导游服务是指导游人员代表被委派的旅游企业,接待或陪同游客进行旅游活动,并按照组团合同或约定的内容和标准向游客提供的旅游接待服务。

2. 导游服务的复杂性

例题:导游服务的复杂性主要体现在哪几个方面?

参考答案:①服务对象复杂;②游客需求多样;③人际关系复杂;④直面"精神污染"。

3. 旅游产品质量

例题:旅游产品质量主要是由哪几个方面构成的?

参考答案:旅游产品质量主要由旅游资源质量、旅游服务质量、旅游活动组织安排质量和旅游环境质量构成。

(二) 导游

1. 导游的概念

例题:什么是导游?

参考答案:我国导游的定义应表述为,导游是指取得导游证,接受旅行社委派,为游客提供向导、讲解及其他服务的人员。

2. 导游的类型

例题:我国导游人员按业务划分为哪些类型?

参考答案:按业务类型划分,导游人员分为出境旅游领队、全程陪同导游、地方陪同导游和景区导游。

3. 导游的基本素质

例题:一名合格的导游人员应该具备哪些基本素质?

参考答案:①良好的思想品德;②广博的知识结构;③较强的独立工作能力;④熟练的导游技能;⑤积极的进取精神;⑥健康的体魄和心态。

4. 导游的知识体系

例题:导游的知识体系包罗万象,主要包括哪几个方面?

参考答案:①语言知识;②历史、地理、文化知识;③政策法规知识;④心理学知识;⑤美学知识;⑥政治、经济、社会知识;⑦国际知识;⑧旅行知识。

5. 全陪的主要职责

例题:全陪的主要职责包括哪些方面?

参考答案:①实施旅游接待计划;②做好联络工作;③做好组织协调工作;④维护安全,处理问题;⑤做好宣传、调研工作。

6. 地陪的主要职责

例题:地陪的主要职责包括哪些方面?

参考答案:①落实旅游车辆;②落实住房;③落实用餐;④落实行李运送;⑤了解不熟悉的景点;⑥与全陪联络。

7. 导游的基本职责

例题:导游的基本职责包括哪些方面?

参考答案:①接受导游任务,引导文明旅游;②进行导游讲解,传播中国文化;③安排旅游事宜,保护游客安全;④反映意见要求,安排相关活动;⑤解答游客问询,处理相关问题。

二、团队导游服务规范

(一)地陪导游服务程序及服务质量

1. 准备工作

例题1:地陪在旅游团抵达的前一天,应做好与旅游团(者)联络和沟通的准备,具体落实的接待事宜有哪些?

参考答案:①核对日程安排表;②落实接待车辆;③落实住房;④落实用餐;⑤落实行李运送;⑥了解不熟悉的参观游览点;⑦与全陪联络。

例题2:地陪的准备工作包括哪几个方面?

参考答案:①熟悉接待计划;②落实接待事宜;③物质准备;④知识准备;⑤形象准备;⑥心理准备。

例题3:地陪应熟悉接待计划中的哪些内容?

参考答案:①旅游团的基本信息;②旅游团成员情况;③旅游团抵离本地情况;④旅游团交通票据情况;⑤旅游团特殊要求和注意事项。

2. 回程中的导游服务

例题:在结束参观游览返程的途中,地陪应做好哪些工作?

参考答案:①回顾当天活动;②进行风光导游;③提醒注意事项;④宣布次日活动日程;⑤做好下车时的服务;⑥安排叫早服务。

3. 食、购、娱服务

例题:安排观看计划内的文娱节目,地陪应做好哪些工作?

参考答案:①对计划内安排的文娱活动节目,地陪应陪同前往,并向游客简单介绍节目内容和特点;②到达演出场所后,地陪要引领游客入座,并自始至终和游客在一起,介绍有关演出设施与位置,解答游客的问题;③在游客观看演出的过程中,针对入境游客,地陪要做好剧情介绍和必要的翻译工作;④演出结束后,地陪要提醒游客不要遗留物品并带领游客依次退场;⑤在大型娱乐场所,地陪要提醒游客不要走散,随时注意游客的动向与周围的环境,了解出口位置,以便发生意外情况能及时带领游客撤离。

4. 入住饭店服务

例题:游客抵达饭店后,地陪应做好哪些工作?

参考答案:①协助办理入住手续;②介绍饭店设施;③带领游客用好第一餐;④处理游客入住后的有关问题;⑤照顾行李进房;⑥确定叫早时间。

5. 地陪服务流程

例题:地陪导游服务程序流程有8个环节,请按顺序说出这8个环节。

参考答案:①准备工作;②接站服务;③入住酒店服务;④核对商定日程;⑤参观游

览服务;⑥食、购、娱服务;⑦送站服务;⑧后续工作。

6. 送站服务

例题1:地陪送站前的业务准备工作有哪些?

参考答案:①核实交通票据;②商定出行李时间;③商定集合出发时间;④商定叫早和早餐时间;⑤提醒游客结账;⑥及时归还证件。

例题2:地陪送站服务主要包括哪几个方面的内容?

参考答案:①回顾行程;②致欢送词;③提前到达机场(车站、码头),照顾游客下车;④办理离站手续;⑤与司机结账。

例题3:地陪致欢送词一般应包括哪些内容?

参考答案:①回顾语,对本次旅游活动做一个概括性的回顾;②感谢语,对领队、全陪、游客及司机的合作分别表示感谢;③惜别语,表达友谊和惜别之情;④征求意见语,向游客诚恳地征求意见和建议;⑤致歉语,对行程中的不尽如人意之处,向游客表示真诚的歉意;⑥祝愿语,表达美好的祝愿,期待再次相逢。

7. 接站服务

例题:接站服务中,地陪在旅游团队抵达前的业务安排有哪些?

参考答案:①确认旅游团所乘交通工具抵达的准确时间;②与旅游车司机联系;③与行李员联系;④再次核实该团所乘交通工具抵达的准确时间;⑤持接站牌迎候旅游团。

8. 参观游览服务

例题:旅游团参观游览出发前,地陪应做好哪些服务工作?

参考答案:①提前到达出发地点;②核实实到人数;③落实当天用餐;④提醒注意事项;⑤准时集合登车。

(二)全陪导游服务程序

1. 沿途各站服务

例题:全陪的沿途各站服务包括哪些方面?

参考答案:①做好联络工作;②协助地陪工作;③检查和督促各站服务质量;④维护和保障游客安全;⑤提供旅行过程中的服务,包括生活服务、讲解服务等。

2. 物质准备

例题:全陪在上团前,应携带的必备证件、物品和有关资料包括哪些?

参考答案:①必备证件包括本人的身份证、导游身份标识等;②结算单据和费用包括费用结算单、银行卡(或支票)和少量现金等,以备在旅途中使用;③接团资料和物品包括接待计划表或电子行程单、各地旅行社地址和联系电话、讲解资料等;④个人物品包括手机充电器、备用药品等。

3. 首站服务

例题：全陪首站（入境站）接团服务应做好哪些工作？

参考答案：①接团前，应向旅行社了解本团接待工作的详细安排情况；②接团当天，应提前30分钟到达接站地点与地陪一起迎接旅游团；③接到旅游团后，应与领队尽快核实有关情况，向领队和游客问好，做自我介绍、核实团队实到人数、行李件数，如实到人数与计划不符，应尽快与组团社联系；④协助领队向地陪交接行李；⑤致欢迎词。

三、散客旅游概念和特点

1. 散客旅游概念

例题：什么是散客旅游，一般有哪几种形式？

参考答案：散客旅游是指游客自行安排旅游行程，以零星现付的方式购买各项旅游服务的旅游形式。一般分为自助游和定制游两种。

2. 散客旅游特点

例题：散客旅游的特点有哪些？

参考答案：①规模小；②批次多；③要求多；④变化大；⑤自由度大；⑥预订期短。

四、导游语言技能

(一) 导游语言的特性

例题1：导游语言要具有逻辑性，故导游必须学习和掌握哪几种基本的逻辑方法？

参考答案：①比较法；②分析法和综合法；③抽象法；④演绎法和归纳法。

例题2：导游的语言要做到准确，故导游应注意哪几个方面的问题？

参考答案：①态度严肃认真；②了解所讲的内容；③遣词造句准确；④词语组合得当。

(二) 导游口头语言的表达要领

例题：导游的口语表达要注意掌握哪些要领？

参考答案：(1)音量大小适度；(2)语调高低有序；(3)语速快慢相宜；(4)停顿长短合理。

(三) 导游态势语言运用技巧

1. 导游讲解手势

例题：导游讲解时，在手势的运用上应注意几点？

参考答案：①要简洁易懂；②要协调合拍；③要富有变化；④要节制使用；⑤要避免使用游客忌讳的手势。

2. 导游常用手势

例题:在导游讲解过程中,手势能使导游讲解生动形象,请问常用的手势有哪几种?

参考答案:①情意手势;②指示手势;③象形手势。

3. 导游目光语

例题:导游讲解中常用的运用目光的方法有哪些?

参考答案:①目光的联结,用热情而又诚挚的目光看着游客,切忌目光呆滞、眼帘低垂、目光向上、视而不见和目光专注而无反应;②目光的移动,讲解某一景物时,首先用目光把游客的目光牵引过去,然后再及时收回目光并继续投向游客;③目光的分配,注意自己的目光要统摄全部听讲解的游客,可把视线落点放在最后边两端游客的头部,也可不时环顾周围的游客;④目光与讲解的统一,讲解内容中出现两人对话的场景时,用目光加以区别,产生一种逼真的临场感。

(四)导游语言的沟通技巧

1. 交谈的语言技巧

例题1:导游在与游客自由交谈时,应注意哪些交谈的语言技巧?

参考答案:①开头要寒暄;②说话要真诚;③内容要健康;④言语要中肯;⑤要"看"人说话;⑥善于把握谈话过程。

例题2:导游在与游客交谈过程中,应注意哪些问题?

参考答案:①切忌在对方谈兴正浓时戛然而止,应待交谈告一段落时,再设法收场;②不要勉强延长交谈;③要留意对方的暗示;④交谈要恰到好处;⑤结束交谈时,要给对方留下一个愉快的印象。

2. 道歉的语言技巧

例题:在导游服务中,向游客道歉,导游要注意些什么?

参考答案:首先,道歉必须是诚恳的;其次,道歉必须是及时的,即知错必改,这样才能赢得游客的信赖;最后,道歉要把握好分寸,不能因为游客某些不快就道歉,要分清深感遗憾与道歉的界限。

五、导游带团技能

(一)导游带团的原则

例题:导游带团应遵循哪些原则?

参考答案:①游客至上原则;②服务至上原则;③履行合同原则;④公平对待原则。

(二)导游主导地位的确立

例题:导游在带团过程中应该如何尽快确立自己在旅游团中的主导地位?

参考答案:①以诚待人,热情服务;②换位思考,宽以待客;③树立威信,善于"驾驭"。

(三)导游提供心理服务的技巧

1. 提供心理服务

例题1:导游要想有效地向游客提供心理服务,该如何去了解游客的心理?

参考答案:①从人口统计特征了解游客;②从分析游客所处地理环境了解游客;③从游客参团和出游动机了解游客;④从游客不同的个性特征了解游客;⑤通过分析心理变化了解游客。

例题2:导游向游客提供心理服务应把握哪些要领?

参考答案:①尊重游客;②微笑服务;③使用柔性语言;④与游客建立"伙伴关系";⑤提供个性化服务。

2. 激发游客游兴

例题:导游应从哪几个方面去激发游客的游兴?

参考答案:①通过直观形象激发游客的游兴;②运用语言艺术激发游客的游兴;③通过组织文娱活动激发游客的游兴;④使用声像导游手段激发游客的游兴。

(四)导游接待不同类型游客的技巧

1. 接待高龄游客

例题:导游接待高龄游客应注意些什么?

参考答案:①妥善安排日程;②做好提醒工作;③注意放慢速度;④耐心解答问题;⑤预防游客走失;⑥尊重西方传统。

2. 接待儿童游客

例题:导游接待中,请说说儿童游客接待的"四不宜"原则。

参考答案:针对有儿童的旅游团,导游应掌握"四不宜"的原则。①不宜为讨好儿童而给其买食物、玩具;②不宜在旅游活动中突出儿童,而冷落其他游客;③即使家长同意也不宜单独带儿童外出活动;④儿童生病,应及时建议家长请医生诊治,而不宜建议其给儿童服药,更不能提供药品给儿童服用。

(五)旅游活动的组织安排技巧

例题:导游组织安排团队旅游活动的技巧包括哪些方面?

参考答案:①灵活搭配活动内容;②科学安排游客饮食;③尽快安排游客入住;④注意旅行服务技巧;⑤引导游客理性购物。

六、导游讲解技能

(一)导游讲解原则

例题:导游讲解应遵循哪几项基本原则?

参考答案:①客观性原则,导游讲解要以客观现实为依据;②针对性原则,从游客的实际出发,因人而异、有的放矢;③计划性原则,科学安排活动日程,有计划地进行导游讲解;④灵活性原则,因人而异、因时制宜、因地制宜。

(二)实地导游讲解常用技法

1. 突出重点法

例题:突出重点法是导游讲解常用的方法,一般要突出哪几个方面?

参考答案:①突出景点的独特之处;②突出具有代表性的景观;③突出游客感兴趣的内容;④突出××之"最"。

2. 虚实结合法

例题:虚实结合法是实地导游讲解的常用技法之一。请问,在使用该法进行导游讲解时应该注意什么问题?

参考答案:①虚与实必须有机结合,但以实为主,以虚为辅,虚为实服务,以虚烘托情节,以虚加深实的存在,努力将无情的景物变成有情的讲解;②导游一定要注意不能"为了讲故事而讲故事",任何"虚"的内容都必须落实到"实"处;③应该注意选择"虚"的内容,要"精"、要"活"。所谓"精",就是所选传说故事是精华,与讲解的景观密切相关;所谓"活",就是使用时要灵活,见景而用,即兴而发。

(三)实地导游讲解的要领

1. 做好讲解前的准备工作

例题:在日常工作和生活中,导游可以通过哪些渠道积累知识?

参考答案:①通过媒体关注"身边事",收集城市及景区的点滴变化;②通过阅读专业书籍,丰富自己在某一知识领域的积累;③通过网络搜索,寻找某一关注问题的相关背景知识。

2. 在旅游车上讲解时应掌握的要领

例题:导游在旅游车上讲解时,应掌握的要领有哪些?

参考答案:①与司机商量确定行车路线时,在合理且可能的原则下尽量不要错过城市的重要景观;②在经过重要的景点或标志性建筑时,要及时向游客指示景物的方向,讲解的内容要及时与车外的景物相呼应;③要学会使用"触景生情法",在讲解城市的交通、气候、地理特点等概况时,可与游客看到的景象结合并借题发挥;④在讲解的过程中要注意观察游客的反应;⑤在快要到达将要游览的景区时,要使用"突出重点法"将景区的最重要的价值及最独特之处向游客进行讲解,以激发游客对该景区的游览兴趣。

3. 在景区讲解时应掌握的要领

例题:导游在景区讲解时应掌握哪些要领?

参考答案:①在景区的游览指示图前向游客说明游览线路、重要景点、洗手间及吸烟区的位置;②要做好景区的讲解,需要确定讲解主题,以主题为线索将每一个小景点串联起来,引导游客去发现景区的独特之处;③在讲解小景点时可使用多种不同的讲解方法;④导游在讲解自己熟悉或擅长的内容时,不要过于张扬、卖弄。

4. 巧妙回答游客的提问

例题:在导游讲解结束后,导游如何巧妙地回答游客的提问?

参考答案:①如果问题与游览有关,且导游也知道如何回答,则可以在回答问题的同时进行深入讲解,往往会有好的效果,能增强游客对自己的信任;②如果问题与游览无关,就要学会巧妙地回避;③当遇到自己不清楚的问题时,切忌胡乱回答;④如果自己知道确切答案,但游客有另一种说法时,应注意不要当众争执,不要直接指出对方的错误,要学会回避矛盾、找出共同点,给对方找"台阶"下,及时转换话题。

知识活页:
游客参团和出游的动机,以及个性特征和心理阶段

同步案例 虚实结合法

虚实结合法就是在导游讲解中将典故、传说与景物介绍有机结合,即编织故事情节的导游方法。所谓"实"是指景观的实体、实物、史实、艺术价值等,而"虚"则指与景观有关的民间传说、神话故事、趣闻逸事等。"虚"与"实"必须有机结合,但以"实"为主,以"虚"为辅,"虚"为"实"服务,以"虚"烘托情节,以"虚"加深"实"的存在,努力将无感情的景物变成有感情的讲解内容。

比如提起阿诗玛,人们就不由自主地想起云南石林风景名胜区内那块高约20米、仿佛头戴彩帽身背箩筐的美丽少女的岩石,同时又会想起阿诗玛的动人故事:相传在很久以前,阿着底山上的撒尼人格路日明家有两兄妹,哥哥叫阿黑,妹妹就是聪明、勤劳又美丽的阿诗玛。一天,大财主热布巴拉见阿诗玛长得漂亮,顿生歹念,想娶回家……

(资料来源:《导游业务》,中国旅游出版社。)

同步测试:
突出重点法一般突出哪几方面

任务三 应变能力问答

任务描述

本任务对历年出现的应变能力类的真题进行了梳理,并根据不同的考点

进行了归纳总结,方便考生在最后备考期间冲刺复习。

任务目标

考生通过本任务的学习,能掌握应变能力类相关问题的重要考点和题型。

一、游客个别要求处理

(一)游客用餐方面个别要求的处理

1. 要求换餐

例题:游客希望将中餐换成西餐,应该如何处理?

参考答案:首先要看是否有充足的时间换餐。如果旅游团在用餐前3小时提出换餐的要求,应尽量与餐厅联系,但需事先向游客讲清楚,如能换妥,差价由游客自付。并且询问餐厅能否提供相应服务。若计划中的供餐单位不具备供应西餐的能力,可考虑更换餐厅。如果是在接近用餐时间或到达餐厅后提出换餐要求,应视情况而定。若该餐厅有该项服务,应协助解决;如果情况复杂,餐厅又没有此项服务,一般不应接受此类要求,但应向游客做好解释工作。若游客仍坚持换餐,可建议其到零点餐厅自己点菜或单独用餐,费用自理并告知原餐费不退。

2. 要求单独用餐

例题:个别游客要求单独用餐,导游该如何处理?

参考答案:①如果因旅游团的内部矛盾或其他原因,个别游客要求单独用餐,应耐心解释,并告诉领队请其调解。如游客坚持,可协助其与餐厅联系,但餐费自理,并告知综合服务费不退;②如果因游客外出自由活动、访友、疲劳等原因不随团用餐,应同意其要求,但要说明餐费不退。

3. 要求房内用餐

例题:游客要求提供客房内用餐服务,导游应怎么办?

参考答案:①若游客生病,导游或饭店服务员应主动将饭菜端进房间以示关怀;②若是健康的游客希望在客房用餐,应视情况处理;③如果餐厅能提供此项服务,可满足游客的要求,但须告知服务费自理。

（二）游客用房方面个别要求的处理

游客要求换房的处理范例如下。

例题1：游客向领队和全陪提出要求住单间，原因是同室游客的鼾声太大。导游应当如何处理？

参考答案：①先请领队调解或在内部调整；②若调解不成，饭店如有空房可满足其要求。但必须事先说明房费由游客自理，一般由提出方付房费。

例题2：一对夫妇到达宾馆后，临时提出把原合同中规定的标准间换成豪华套间，地陪应如何处理？

参考答案：①可直接与饭店联系，如有空房可予以满足；②游客要交付原定饭店退房损失费和房费差价；③如饭店没有游客要求的房间，应向游客解释清楚，请求谅解。

（三）游客交通方面个别要求的处理

游客要求换座的处理范例如下。

例题：游客要求将其返程的一等座换成商务座，导游应如何处理？

参考答案：①与接待社计调部联系；②若有所要求等级的座位，则可帮忙更换，但要说明差价及相关费用自理。

（四）单独活动

游客要求单独活动的处理范例如下。

例题：一名游客多次来武汉，当他再次随团来武汉时，提出希望单独活动，导游该如何处理？

参考答案：①如果他的要求不影响整个旅游团的活动，则可以满足该要求并提供必要的协助，但应说明所有费用不退，新增费用自理；②告诉他用餐的时间和地点，以便其归队时用餐；③提醒其注意安全，保护好自己的财物；④提醒其带上饭店卡片，为其写张便条（注明前往目的地的名称、地址及下榻酒店的名称）；⑤必要时将自己的手机号告诉游客。

（五）游客在游览方面个别要求的处理

游客要求更换或取消项目的处理范例如下。

例题：赴景点游览的途中，几名游客表示去过，要求取消该项目，导游该怎么办？

参考答案：凡是计划内的游览项目，导游一般应该不折不扣地按计划进行。若是全团统一提出更换游览项目，则需请示接待社计调部门，请其与组团社联系，同意后方可更换；若是个别游客提出更换游览项目，应向游客耐心解释，不能随意更换。

（六）游客在购物方面个别要求的处理

1. 购买古玩或仿古艺术品

例题：一名外国游客想购买古玩或仿古艺术品，导游该如何处理？

参考答案：①带其到文物商店购买，买妥物品后提醒他保存发票，不要将物品上的火漆印（如有的话）去掉，以便海关查验；②如游客在地摊上选购古玩，应予以劝阻，并告知中国的有关规定；③若发现个别游客有走私文物的可疑行为，应及时报告有关部门。

2. 单独购物

例题：一名外国游客想单独外出购物，导游该如何处理？

参考答案：①要尽力帮助，当好购物参谋；②向游客提出建议，如去哪家商场，各家商场的特点；③告诉游客乘车路线或联系出租车，带好饭店店卡，写好中文便条；④如果当天要离开本地，则要劝阻游客，以防误机（车、船）。

3. 代为购物

例题：游客欲购买某一产品，但当时无货，请导游代为购买并托运，导游应如何处理？

参考答案：①一般应婉拒，实在推脱不掉应请示领导；②一旦接受了委托，应在领导的指示下认真办理委托事宜；收取足够的钱款（余款在事后由旅行社退还旅游者），发票、托运单及托运收据在事后寄给委托人，旅行社保存复印件，以备查验。

（七）特殊要求

游客过分挑剔的处理范例如下。

例题：面对个别游客的苛刻要求和过分挑剔，导游人员应如何处理？

参考答案：①认真倾听、冷静、仔细分析，绝不能置之不理，更不能断然拒绝；②不能一口回绝，不能随便说"不行"；③不应在没有听完对方讲话的情况下就忙于解释，或表示反感、恶语相向、意气用事；④对不合理或不可能实现的要求要耐心解释，实事求是；⑤处理问题要合情合理，尽量使游客心悦诚服。

二、问题与事故的处理

（一）常见问题和事故的预防与处理

1. 漏接

例题1：导游应如何处理漏接事故？

参考答案：①实事求是地向游客说明情况，诚恳地赔礼道歉，求得游客谅解。如果不是自身的原因要立即与接待社联系，告知现状，立即查明原因，并耐心向游客做解释工作，消除误解。②尽量采取弥补措施，使游客的损失降到最低限度。如果有费用问题（如游客乘出租车到饭店的车费），应主动将费用赔付游客。③提供更加热情周到的服务，高质量地完成计划内的全部活动内容，以求尽快消除因漏接而给游客造成的不愉快情绪。④必要时请接待社领导出面赔礼道歉，或酌情给游客一定的物质补偿。

例题2:造成漏接的客观原因有哪些?

参考答案:①上一站接待社将旅游团原定的班次或车次变更而使其提前抵达,但漏发变更通知;②接待社已接到变更通知,但有关人员没有及时通知该团地陪;③司机迟到,未能按时到达接站地点;④由于交通堵塞或其他预料不到的情况发生,未能及时抵达机场(车站);⑤由于国际航班提前抵达或游客在境外中转站换乘其他航班而造成漏接。

例题3:什么是漏接?导游应如何预防漏接?

参考答案:漏接是指旅游团(者)抵达后,无导游迎接的现象。为了预防漏接,导游应认真阅读接待计划;核实交通工具抵达的准确时间;提前30分钟抵达接站地点。

2. 错接

例题1:发生错接,地陪应如何处理?

参考答案:①报告领导。发现错接后马上向接待社领导及有关人员报告,查明两个错接团的情况,再做具体处理。②将错就错。如经核查,错接发生在本社的两个旅游团之间,两个导游又同是地陪,那么可将错就错,两名地陪将接待计划交换之后就可继续接团。③必须交换。如经核查,错接的团分属两家接待社,则必须交换;如错接的两个团属同一接待社,但两个导游中有一名是地陪兼全陪,那么也应交换旅游团。④地陪要实事求是地向游客说明情况,并诚恳地道歉,以求得游客的谅解。⑤如发生其他人员(非法导游)将游客带走的情况,应马上与饭店联系,看游客是否已入住应下榻的饭店。

例题2:导游应如何防止错接事故的发生?

参考答案:①提前到达接站地点迎接旅游团;②接团时认真核实客源地组团社的名称,目的地组团社的名称,旅游团的代号、人数、领队姓名、下榻饭店等;③提高警惕,严防社会其他人员非法接走旅游团。

例题3:导游按计划到机场接回一个境外旅游团,抵达饭店登记住宿时才发现,此团并非自己应接的团,这时导游应该怎么办?

参考答案:①弄清错接的原因,了解自己应接团队的去向及接待单位,尽快与其取得联系,并立即向领导报告;②若属同家接待社,地陪可不必再交换旅游团;③若分属不同的接待社,地陪应设法尽快交换团队;④实事求是地向游客说明情况,并诚恳地道歉。

3. 变更计划和日程

例题1:如果旅游团(者)要求变更计划和日程,导游该如何处理?

参考答案:在旅游过程中,由于种种原因,游客向导游提出变更旅游线路或旅游日程时,原则上导游应按旅游合同执行;遇有较特殊的情况或由领队提出,导游也无权擅自做主,要上报组团社或接待社有关人员,必须经有关部门同意,并按照其指示和具体要求做好变更工作。

例题2：由于天气的原因，造成旅游团在本地的旅游时间缩短，导游应如何处理？

参考答案：①仔细分析延误带来的困难和问题，及时向接待社报告，以便将情况尽快反馈给组团社，找出补救措施；②在外联或计调部门的协助下落实该团的交通、住宿、游览等事宜，提醒有关人员与饭店、车队、餐厅联系，及时办理退房、退车、退餐等相关事宜；③立即调整活动日程，压缩在每一景点的活动时间，尽量不减少计划内的游览项目。

例题3：领队或全陪手中的旅游计划与地陪的接待计划有部分出入时，地陪应如何处理？

参考答案：①地陪要及时报告旅行社，查明原因，分清责任；②若是接待方的责任，应实事求是地说明情况，向领队和游客致歉，并及时做出调整；③若责任不在接待方，必要时，可请领队向游客做好解释工作。

例题4：外国游客在湖北旅游结束时，希望留下来继续多游玩几天，不随其团队离境回国，导游应该怎么办？

参考答案：①若不需要延长签证期限，一般可满足其要求，若需要延长签证期限，原则上应婉拒；②若确有特殊情况，应请示旅行社领导后提供必要帮助，协助其持旅行社证明、护照及集体签证到出入境管理部门办理相关手续；③协助其重订航班、机座、饭店等，在湖北游览期间如需继续提供导游或其他服务，应与接待社另签合同；④离团后所需费用均由游客自理。

例题5：一名游客因临时有事要求继续在原地留宿一晚，不能随团赴异地游览，导游该怎么办？

参考答案：①如有特殊情况游客不能继续随团旅游，应立即通知旅行社，并核算出该游客实际产生的费用，然后告知游客，并签字证明是自行放弃旅游；②帮助游客办理续住手续，告知续住所产生的费用由游客自行负责；③如因住房紧张已没有房间，应在不影响正常带团的情况下，配合旅行社为游客提供便利。

例题6：由于天降暴雨，朝天吼漂流景区临时关闭，需要调整日程和计划，导游应如何处理？

参考答案：出现这种情况时，导游首先要对旅游计划进行合理调整，尽量不影响日程，然后将调整后的计划与领队及游客沟通，获得他们的谅解，再按照新计划安排游览事宜。

例题7：在去景点途中，突遇前方道路严重损坏正在抢修，原定旅游计划不得不更改或取消，导游应该如何处理？

参考答案：①实事求是地将情况向游客讲清楚，请求谅解；②提出另一景点代替的方案，与游客协商；③以精彩的导游讲解、热情的服务激起游客的游兴；④按照有关规定做些相应补偿,如加菜、送小纪念品。必要时,由旅行社领导出面,诚恳地向游客表达歉意,尽量让游客高高兴兴离开。

例题8:一个国外旅游团在湖北游览期间,某游客突然接到家人病危的消息,要求立刻回国,导游应如何处理?

参考答案:①导游报告相关旅行社,经接待社和组团社协商后可予以满足;②告诉游客剩余的旅游费用,按旅游协议书中的约定执行;③导游在领导指示下协助游客重订机票、办理分离签证及其他离团手续,所需费用游客自理。

4. 误机(车、船)事故的处理

例题1:地陪初次带团没有把握好时间,当他把旅游团送到机场时飞机早已起飞。这时,地陪该如何处理?

参考答案:①立即向旅行社领导及有关部门报告并请求协助;②及时和机场联系,争取让游客乘最近班次的交通工具或采用包机或改乘其他交通工具前往下一站;③稳定游客的情绪,安排好在当地滞留期间的食宿、游览等事宜;④及时通知下一站,对日程做好相应的调整;⑤向全团游客赔礼道歉;⑥写出事故报告,查清事故原因和责任,责任者应承担经济损失并受到相应处罚。

例题2:导游应如何杜绝误机事故的发生?

参考答案:①认真核实机票的班次、日期、时间及在哪个机场乘机等。②如果票据没有落实,带团期间要随时和接待社有关人员保持联系。没有行李车的旅游团在拿到票据核实无误后,地陪应立即将其交到全陪或游客手中。③离开当天不安排旅游团到地形复杂、偏远的景点参观游览,不安排自由活动。④留有充裕的时间去机场,要考虑到交通堵塞或突发事件等因素。⑤保证按规定时间到达机场。

5. 物品丢失

例题1:在接待某入境旅游团时,发现一名海外游客的行李在来华途中丢失,导游应如何处理?

参考答案:①带失主到机场失物登记处办理行李丢失和认领手续;②在游客游览期间,要不时打电话询问寻找行李的情况,如短时间内找不回来,要协助失主购置必要的生活用品;③离开本地前还没有找到,应帮助失主将接待社的名称、全程路线以及各地可能下榻的饭店名称转告有关航空公司,以便找到后及时交还;④如行李确系丢失,应帮助失主向有关航空公司索赔,或按国际惯例取得赔偿。

例题2:旅游团到达机场时,一名游客发现自己的手机丢在宾馆了,地陪应该怎么办?

参考答案:地陪应在不影响为全团游客办理离站手续的前提下,提供必要的帮助,如①立即打电话回宾馆,然后拨打丢失的手机号码,查找线索;②如果丢失的手机仍在宾馆,应让宾馆人员保管好,通过邮寄、转交等方式归还游客,但所产生的费用由游客承担;③如果丢失的手机不在宾馆,应让游客回忆细节,尽可能提供帮助,由于游客自身原因导致的丢失,所有责任由游客负责。

例题3:游客在出境旅游时丢失了护照和签证,领队应如何处理?

参考答案:①请当地陪同人员协助在接待社开具遗失证明;②持遗失证明到当地公安机关报案,并取得公安机关开具的报案证明;③持当地公安机关的报案证明和有关材料到我国驻该国使馆、领馆领取中华人民共和国旅行证;④回国后,凭中华人民共和国旅行证和境外经警方的报失证明,申请补发新护照。

例题4:为防止游客遗失钱物、证件等,导游要做哪些工作?

参考答案:①在陪同过程中多做提醒工作;②不要代为游客保管证件;③切实做好每次行李的清点、交接工作;④每次游客下车后,提醒司机清理车厢,关窗并锁好车门。

6. 未接到散客

例题:导游人员按规定的时间抵达机场,却没有接到要接的散客,应如何处理?

参考答案:①询问机场工作人员,确定本次航班的全部旅客已下飞机,或在隔离区内确定没有自己的游客;②在尽可能的范围内寻找至少20分钟;③与散客下榻的饭店联系,看游客是否自行抵达饭店;④若确实找不到,应与计调人员联系并告知情况,进一步核实起抵达的日期与航班是否有变更;⑤确实迎接无望后,需经计调部或散客部同意后方可离开;⑥回到市区后,应去游客预订的饭店查找,确认游客是否已经到达,如游客已经入住饭店,必须主动与其联系,并表示歉意。

7. 游客走失

例题1:导游带团外出旅游时,如何预防游客的走失?

参考答案:①做好提醒工作;②做好各项活动的安排和预报;③时刻和游客在一起,经常清点人数;④地陪、全陪和领队密切配合,做好工作;⑤要以高超的导游技巧和丰富的讲解内容吸引游客。

例题2:在参观游览中,发现少了一名游客,询问该游客的亲友,也不知其去向,导游该如何处理?

参考答案:①了解情况后,由全陪、领队迅速分头寻找,地陪带领其他游客继续游览;②向游览地的公安机关和相关管理部门求助;③联系饭店,询问该游客是否已回饭店;④向旅行社报告;⑤做好善后工作;⑥写出书面事故报告。

例题3:在自由活动结束后,发现一位游客走失了,导游应如何处理?

参考答案:①立即报告接待社和公安机关,请求指示和寻求帮助;②做好善后工作,找到走失者应表示高兴,问清情况,安抚因走失而受到惊吓的游客,必要时提出善意的批评;③若游客走时后出现其他情况,应视具体情况作为治安事故或其他事故处理。

8. 游客晕车(机、船)预防与处理

例题:在旅游过程中,一名游客表示因晕车感到身体不适,导游应如何处理?

参考答案:①劝其及早就医,注意休息,不要强行游览,在游览过程中,要注意观察患病游客;②关心患病游客,如要主动问候因病没有参加游览活动、留在饭店休息的游客,询问其身体状况,以示关心,必要时通知饭店为其提供送餐服务;③需要时可陪同游客前往医院就医,应讲明所需费用自理,并提醒其保存诊断证明和收据;④严禁导游擅自给游客用药。

9. 患病处理

例题1:导游应采取哪些措施来预防游客在旅游过程中患病?

参考答案:①游览项目选择要有针对性;②安排活动日程要留有余地;③随时提醒游客注意饮食卫生,不要买小贩的食品,不要喝生水;④及时报告天气变化。

例题2:游客在参观游览时突患重病,导游应如何处理?

参考答案:①不要搬动患病游客,让其就地坐下或躺下;②立即拨打120,呼叫救护车;③向景区工作人员或管理部门请求帮助;④及时向接待社领导及有关人员报告。

例题3:带团游览时,突然有位客人不慎从台阶上摔下,当场骨折,导游在现场应采取哪些处理措施?

参考答案:①止血。用清洁纱布、压迫止血。②包扎。最好用清洁、干净的布片、衣物覆盖伤口,再用布带包扎,包扎时动作要轻柔,松紧要适度。③上夹板。就地取材上夹板,尽可能保持伤肢固定位置。④急救后应尽快送医院治疗。

10. 违法行为处理

例题1:针对海外游客的违法行为,导游应如何处理?

参考答案:①首先要分清游客是由于对我国的法律缺乏了解,还是明知故犯;②对缺乏了解者要讲清道理,指出错误之处,并根据其情节适当处理;③对明知故犯者要提出警告,明确指示其行为是中国法律和法规所不允许的,并报告有关部门严肃处理;④游客若有窃取我国机密和经济情报,以及走私、吸毒、偷盗文物、倒卖金银、套购外汇等犯罪行为,一旦发现应立即汇报并配合司法部门查明罪责,严正处理。

例题2:游客酗酒闹事,导游应如何处理?

参考答案:游客酗酒,导游应先规劝并严肃指明可能造成的严重后果,尽力阻止其饮酒。如其不听劝告、扰乱社会秩序、侵犯他人、造成物质损失,肇事者必须承担一切后果。

例题3:针对个别外国游客攻击、污蔑我国社会主义制度的言论,导游应如何处理?

参考答案:①首先要搞清楚,这是故意行为还是由于缺乏了解所致;②如果游客是因不了解而误解,导游应积极友好地介绍我国的国情,认真回答游客的问题,阐明我国对某些问题的立场、观点,求同存异;③如果游客是站在敌对的立场上故意而为,导游要严正驳斥,如其一意孤行,或有违法行为,应立即向有关部门报告。

（二）旅游安全事故的预防与处理

1. 治安事故

例题:如何做好治安事故的预防工作?

参考答案:①入住饭店时,导游应建议游客将贵重财物存入饭店保险柜,不要随身携带大量现金或将大量现金放在客房内。②提醒游客不要将自己的房号随便告诉陌生人;更不要让陌生人或自称饭店维修人员的人随便进入自己的房间;尤其是夜间绝不可贸然开门,以防发生意外;出入房间一定要锁好门。③提醒游客不要与私人兑换外币,并讲清关于我国外汇管制的规定。④每当离开游览车时,导游都要提醒游客不要将证件或贵重物品遗留在车内。游客下车后,导游要提醒司机关好车窗、锁好车门,尽量不要走远。⑤在旅游景点活动中,导游要始终和游客在一起,随时注意观察周围的环境,观察是否有可疑之人;在人多拥挤的地方,要提醒游客看管好自己的财物,如不要在公共场合拿出钱包,最好不买小贩的东西（防止物品被小贩偷去),并随时清点人数。⑥汽车行驶途中,不得停车让非本车人员上车、搭车;若遇不明身份者拦车,导游应提醒司机不要停车。

2. 交通事故

例题:在去旅游景点途中,发生了交通事故,导游应如何处理?

参考答案:①立即组织抢救。组织现场人员迅速抢救受伤的游客,尤其是重伤员。立即呼叫120或拦车将重伤员送往最近的医院抢救。②立即报案。保护好现场,打122报案,设法保护好现场,尽快通知交通、公安等部门,并尽快让游客离开事故车辆。③迅速向接待社报告。请求派人前来帮助处理,要妥善安排未受伤的游客。④做好全团游客的安抚工作,办理善后事宜。⑤事后写出书面事故报告。

3. 食物中毒

例题:用餐后,发现游客食物中毒,导游应如何处理?

参考答案:①催吐、导泻。让食物中毒者多喝温水以加速排泄,缓解毒性。②立即拨打120,将患者送往医院抢救,并请医生开具诊断证明。③迅速报告旅行社,并追究供餐单位的责任。

三、重大自然灾害的避险方法

1. 龙卷风

例题:旅游团所乘汽车在行驶中突遇龙卷风,导游应采取哪些保护措施?

参考答案:司机应立即停车,导游要组织游客尽快撤离,躲到远离汽车的低洼地带或紧贴地面平躺,并注意提醒游客保护头部。

2. 海啸

例题:当导游带团到某海滨旅游时,发现海面突然反常涨落,海平面显著下降,鱼虾等许多海洋动物留在浅滩,这可能发生了什么自然灾害?导游该如何处理?

参考答案:这可能是发生了海啸。导游应告知游客千万不要去捡拾海洋动物或在一旁看热闹;带领游客迅速离开海岸,向内陆高处转移;镇定自若地指挥游客撤向安全地带,决不能惊慌失措、临阵脱逃。

3. 泥石流

例题:在山区,因连续降雨或骤降暴雨,易发生泥石流。碰到此类自然灾害,导游应如何引导游客逃生?

参考答案:①泥石流发生时,不能在沟底停留,应迅速向山坡坚固的高地或连片的石坡撤离,抛掉一切重物,跑得越快越好,爬得越高越好;②切勿与泥石流同向奔跑,要向与泥石流流向垂直的方向逃生;③到达安全地带后,应将游客集中并等待救援。

4. 地震

例题:在外游览时突发地震,导游应如何引导游客自救?

参考答案:①提醒游客不要乱跑乱挤,不要扎堆,应避开人多的地方;②提醒游客远离高大建筑物、窄小胡同、高压线;③提醒游客注意保护头部,防止砸伤;④引导游客撤离建筑物、假山,集中在开阔地带。

同步案例

一个海外旅游团因客观原因,需临时提前离开,造成游览时间缩短,地陪应立即与全陪、领队商量,采取尽可能的补救措施;立即调整活动时间,抓紧时间将计划内游览项目完成;若有困难,无法完成计划内所有游览项目,地陪则应选择最有代表性、最具特色的重点旅游景点,让游客对游览景点有基本的了解。做好游客的工作,不要急于将旅游团提前离开的消息告诉旅游团(者),以免引起骚动。待与领队、全陪制定新的游览方案后,找准时机先向旅游团中有影响力的游客实事求是地说明困难,诚恳地道歉,以求得谅解,并将变更后的安排向他们解释清楚,争取他们的认可和支持,最后分头做其他游客的工作。地陪应通知接待社计调部门或有关人员办理相关事宜,如退房、退餐、退车等。必要时经接待社领导同意可采取加菜、送风味餐、赠送小纪念品等物质补偿的办法。如果旅游团的活动受到较大的影响,游客损失较大而引起强烈的不满时,可请接待社领导出面表示歉意,并提出补偿办法。

(资料来源:《导游业务》,中国旅游出版社。)

知识活页:
游客要求
调换房间的
处理方法

同步测试:
游客食物
中毒应
如何处理

任务四 综合知识问答

任务描述

本任务对历年出现的综合知识类的真题进行了梳理,并根据不同的考点进行了归纳总结,方便考生在最后备考期间冲刺复习。

任务目标

考生通过本任务的学习,能掌握综合知识类相关问题的重要考点和题型。

一、导游服务礼仪规范

1. 导游仪容仪表

例题1:导游在完善自身的仪容仪表礼仪时,应注意哪几点要求?

参考答案:首先,仪容的修饰要考虑时间和场合;其次,在公众场合不能当众进行仪容修饰;最后,完善自身的仪容需内外兼修。

例题2:导游的仪容礼仪中,关于化妆有哪些禁忌?

参考答案:①不要当众化妆;②不要非议他人的妆容;③不要借用他人的化妆品;④男士化妆要体现男子汉的气概,同时也应保持皮肤的清洁,合理使用护肤品。

例题3:导游使用香水时,应注意哪些禁忌?

参考答案:①忌用量过多;②忌使用部位不当;③忌不洁使用;④忌不同香水混合使用;⑤忌吃辛辣刺激食物。

例题4:导游着装的基本要求,可以用哪几个"协调"来概括?

参考答案:①要与年龄相协调;②要与体形相协调;③要与职业相协调;④要与环

境相协调。

2. 自身修养

例题:导游应当加强自身的修养,其中主要有哪几个方面?

参考答案:主要有情操修养、知识修养和气质修养。

3. 日常交往礼仪

例题1:导游日常交往的礼仪原则主要有哪些?

参考答案:①信守时间;②不妨碍他人;③女士优先;④不得纠正;⑤维护个人隐私;⑥以右为尊;⑦保护环境。

例题2:导游日常工作中有哪些基本的礼仪要求?

参考答案:①遵守时间是最重要的礼节;②要尊重游客的宗教信仰、风俗习惯;③注意细节处的礼仪。

二、法律法规相关知识

1. 旅游者义务

例题:旅游者的主要义务是什么?

参考答案:①遵纪守法、文明旅游义务;②不损害他人合法权益的义务;③个人健康信息告知义务;④安全配合义务;⑤不得非法滞留、擅自分团或脱团。

2. 旅游者权利

例题:旅游者的主要权利有哪些?

参考答案:自主选择权、知悉真情权、要求履约权、被尊重权、特殊群体的便利和优惠权、救助请求权,以及《中华人民共和国旅游法》规定的其他权利。

3. 导游人员管理条例

例题1:根据《导游人员管理条例》,哪些人员不能颁发导游证?

参考答案:①无民事行为能力或者限制民事行为能力的;②患有可能危害旅游者人身健康安全的传染性疾病的;③受过刑事处罚的,但过失犯罪的除外;④被吊销导游证,不满三年的。

例题2:必须符合哪些条件,导游才可以行使在紧急情况下对旅游计划的调整和变更权?

参考答案:①必须是在进行导游活动的过程中;②必须遇到可能危及游客人身安全的紧急情形;③必须征得多数游客的同意;④调整或变更接待计划后,必须立即向旅行社报告。

例题3:导游享有哪些权利?

参考答案:①人身权。人格尊严和人身安全不受侵犯。②劳动报酬权。旅行社应当与受聘导游依法订立劳动合同,支付劳动报酬,缴纳社会保险。③履行职务权。④调整和变更接待计划权。⑤诉权。导游对旅游行政处罚不服时,依法享有申请复议和行政诉讼的权利。

4. 公民道德规范

例题:公民道德基本规范主要有哪些?

参考答案:爱国守法、明礼诚信、团结友善、勤俭自强、敬业奉献。

5. 家庭美德

例题:家庭美德的主要内容有哪些?

参考答案:尊老爱幼、男女平等、夫妻和睦、勤俭持家、邻里团结。

6. 社会公德

例题:社会公德的主要内容有哪些?

参考答案:文明礼貌、助人为乐、爱护公物、保护环境、遵纪守法。

7. 旅游行业核心价值观

例题:旅游行业核心价值观是什么?

参考答案:游客为本,服务志诚。

8. 旅游行投诉

例题:什么是旅游投诉?

参考答案:旅游投诉是指游客为维护自身合法权益,对损害其合法权益的旅游经营者和有关单位以书面或口头形式向旅游行政管理部门提出投诉,请求管理部门处理的行为。

9. 社会主义核心价值观

例题:党的十八大报告提出的"三个倡导"的内容是什么?

参考答案:倡导富强、民主、文明、和谐;倡导自由、平等、公正、法治;倡导爱国、敬业、诚信、友善,积极培育社会主义核心价值观。

10. 签证

例题:中国签证主要可分为哪几种?

参考答案:中国签证分为外交签证、礼遇签证、公务签证和普通签证四种。

11. 出入境

例题1:中国公民不准出境的情形有哪些?

参考答案:①未持有效出境入境证件或者拒绝、逃避接受边防检查的;②被判处刑罚尚未执行完毕或者属于刑事案件被告人、犯罪嫌疑人的;③有未了结的民事案件,人民法院决定不准出境的;④因妨害国(边)境管理受到刑事处罚或者因非法出境、非法居留、非法就业被其他国家或者地区遣返,未满不准出境规定年限的;⑤可能危害国家安全和利益,国务院有关主管部门决定不准出境的;⑥法律、行政法规规定不准出境的其他情形。

例题 2:我国《境外旅客购物离境退税管理办法(试行)》中规定的退税条件是什么?

参考答案:①在退税定点商店购买退税物品,购物金额达到起退点(500元),并且按规定取得退税申请单等退税凭证;②离境前退税物品尚未启用或消费;③离境日距退税物品购买日不超过 90 天;④所购退税物品由境外旅客本人随身携带或托运出境;⑤所购退税物品经海关验核并在退税申请单上签章;⑥在指定的退税代理机构办理退税。

例题 3:中国公民出入境的有效证件有哪些?

参考答案:中华人民共和国护照、中华人民共和国旅行证、中华人民共和国出入境通行证、中华人民共和国海员证。

12. 旅游保险

例题 1:简述旅游保险的概念。

参考答案:旅游保险是保险业的一项业务。它是指根据合同的约定,投保人向保险人支付保险费,保险人对于合同约定的在旅游活动中可能发生的事故所造成的人身财产损失,承担赔偿保险金的责任。

例题 2:旅游保险索赔的程序有哪些?

参考答案:①及时报案;②保护现场;③合力施救;④提供索赔单证,包括保险单、出险证明和受损财产清单;⑤开具权益转让书;⑥领取保险赔偿金。

例题 3:旅行社责任保险的范围是什么?

参考答案:①因旅行社疏忽或过失应当承担赔偿责任的;②因发生意外事故旅行社应当承担赔偿责任的;③国务院旅游主管部门会同中国保险监督管理委员会[①]规定的其他情形。

例题 4:简述旅游意外保险的概念。

参考答案:旅游意外保险是指旅游者参加游览时,为保护自身利益,向保险公司支付保险费,一旦旅游者在旅游期间发生事故,按合同约定由承保保险公司向旅游者支付保险金的保险行为。

例题 5:游客报名旅游时所涉及的保险通常有哪三种?

参考答案:旅行社责任保险、旅游意外保险和交通意外伤害保险。

13. 旅行社相关知识

例题 1:简述旅行社的含义。

---

① 注:2018 年中国保险监督管理委员会撤销,设立中国银行保险监督管理委员会。

参考答案:我国《旅行社条例》规定,旅行社是指从事招徕、组织、接待游客等活动,为游客提供相关旅游服务,开展国内旅游业务、入境旅游业务或出境旅游业务的企业法人。

例题2:旅行社业务,按照业务流程划分为哪几项?

参考答案:①产品开发与设计;②委托代办业务;③旅游服务采购;④产品销售与促销;⑤旅游接待业务。

例题3:简述旅行社业务经营许可证的含义。

参考答案:旅行社业务经营许可证,是指有许可权的旅游主管部颁发的,证明持证人具有从事旅游业务经营资格的凭证。未取得旅行社业务经营许可证的,不得从事旅行社业务经营活动。

例题4:简述旅行社质量保证金的定义。

参考答案:旅行社质量保证金是由旅行社交纳,旅游行政管理部门管理,用于保障旅游者权益的专项款项。

例题5:申请设立旅行社,应当具备的条件有哪些?

参考答案:①取得法人资格;②有固定的经营场所;③有必要的营业设施;④有不少于30万元的注册资本;⑤有必要的经营管理人员和导游;⑥法律、行政法规规定的其他条件。

14. 导游领队引导文明旅游

例题1:导游领队引导文明旅游需要掌握的基本知识主要有哪些?

参考答案:①我国旅游法律法规、政策以及有关规范性文件中关于文明旅游的规定和要求;②基本的文明礼仪知识和规范;③旅游目的地法律规范、宗教信仰、风俗禁忌、礼仪知识、社会公德等;④紧急情况处理技能。

例题2:"旅游不文明行为记录"的内容包括哪些?

参考答案:①不文明行为当事人的姓名、性别、户籍省份;②不文明行为的具体表现;③不文明行为所造成的影响和后果;④对不文明行为的记录期限。

三、其他知识

1. 地理相关知识

例题1:请说出湖北的四处世界遗产。

参考答案:①武当山道教古建筑群;②钟祥明显陵;③咸丰唐崖土司遗址;④神农架。

例题2:截至2020年4月,湖北有哪5个城市被列为中国历史文化名城?

参考答案:武汉、荆州、襄阳、随州、钟祥。

例题3:中国四大道教名山是哪四大名山?

参考答案:湖北武当山、四川青城山、江西龙虎山、安徽齐云山。

例题4:泰山是我国著名的风景名胜区,请说出其四大自然名景?

参考答案:旭日东升、晚霞夕照、黄河金带、云海玉盘。

例题5:请说出我国的五岳名山以及所在的省份。

参考答案:①东岳——山东泰山;②西岳——陕西华山;③南岳——湖南衡山;④北岳——山西恒山;⑤中岳——河南嵩山。

2. 历史相关知识

例题1:中国三大国粹是什么?

参考答案:①国画;②中医;③京剧。

例题2:1948年9月12日至1949年1月31日,中国人民解放军同国民党军进行战略决战的三大战役是什么?

参考答案:①辽沈战役;②淮海战役;③平津战役。

3. 研学旅行产品

例题:研学旅行产品按照资源类型可划分为哪几种类型?

参考答案:①知识科普型;②自然观赏型;③体验考察型;④励志拓展型;⑤文化康乐型。

4. OPEN票

例题:什么是OPEN票?持有该票如何乘机?

参考答案:OPEN票是指机票上没有确定起飞具体时间,即没有预订好座位的有效飞机票。旅客乘机前需持机票和有效证件(护照、身份证等)去航空公司售票处办理订座手续,订好座位后才能乘机。

5. 旅游事故

例题:什么是旅游事故,可分为哪几种?

参考答案:旅游事故是指因旅游服务部门运行机制出现故障造成的事故。一般可分为:①责任事故,由于接待方的疏忽、计划不周等原因造成的事故;②自然事故(非责任事故),由于天气变化、自然灾害或非接待部门的原因造成的事故。

6. 旅游标识

例题:中国旅游业的标识"马踏飞燕"的象征意义是什么?

参考答案:①中国旅游业的蓬勃崛起;②中国旅游业的光辉灿烂的前景。

7. 时事政治

例题1:2019年至2020年冬春季节湖北武汉发现了新型冠状病毒肺炎,我国政府采取了哪些相关措施积极应对?

参考答案:①及时制定疫情防控战略策略;②加强对疫情中心地区的统一指挥;

③统筹抓好其他地区防控工作;④加强医用物资和生活必需品应急供应。

例题2:2020年8月8日至12月31日,全湖北省A级旅游景区向全国游客免门票开放,感恩全国人民在抗疫期间对湖北的援助,湖北举办的是什么活动?

参考答案:与爱同行,惠游湖北。

例题3:突发公共卫生事件的成因是多样的,它的发生与哪些事件有关?

参考答案:①与病毒有关;②与自然灾害有关;③与事故灾害有关;④与社会安全事件有关。

例题4:什么是突发公共卫生事件?

参考答案:突发公共卫生事件是指突然发生,造成或者可能造成社会公众健康严重损害的重大传染病疫情、群体性不明原因疾病、重大食物和职业中毒以及其他严重影响公众健康的事件。

例题5:"中国旅游日"是每年的几月几日?

参考答案:每年的5月19日。

同步案例

知识活页:
着装的基本原则——
TPO原则

中国旅游日是每年的5月19日,非法定节假日。该节日起源于2001年5月19日,浙江宁海人麻绍勤以宁海徐霞客旅游俱乐部的名义,向社会发出设立中国旅游日的倡议,建议将《徐霞客游记》首篇《游天台山日记》开篇之日(1613年5月19日)定为中国旅游日。2011年3月30日,国务院常务会议通过决议,自2011年起,每年5月19日为中国旅游日。

(资料来源:https://baike.baidu.com/item/中国旅游日/5582563? fr=aladdin.)

主要参考文献

[1] 全国导游资格考试统编教材专家编写组.全国导游基础知识[M].6版.北京:中国旅游出版社,2021.

[2] 全国导游资格考试统编教材专家编写组.地方导游基础知识[M].6版.北京:中国旅游出版社,2021.

[3] 全国导游资格考试统编教材专家编写组.政策与法律法规[M].6版.北京:中国旅游出版社,2021.

[4] 董继武.湖北导游服务能力:现场导游(科目五)考试指南[M].北京:旅游教育出版社,2019.

教学支持说明

为了改善教学效果,提高教材的使用效率,满足高校授课教师的教学需求,本套教材备有与纸质教材配套的教学课件(PPT 电子教案)和拓展资源(案例库、习题库、视频等)。

为保证本教学课件及相关教学资料仅为教材使用者所得,我们将向使用本套教材的高校授课教师免费赠送教学课件或者相关教学资料,烦请授课教师通过电话、邮件或加入旅游专家俱乐部 QQ 群等方式与我们联系,获取"教学课件资源申请表"文档并认真准确填写后反馈给我们,我们的联系方式如下:

地址:湖北省武汉市东湖新技术开发区华工科技园华工园六路

邮编:430223

电话:027-81321911

传真:027-81321917

E-mail:lyzjjlb@163.com

旅游专家俱乐部 QQ 群号:306110199

旅游专家俱乐部 QQ 群二维码:

群名称:旅游专家俱乐部
群　号:306110199

教学资源申请表

填表时间：_____年___月___日

1. 以下内容请教师按实际情况填写，★为必填项。
2. 学生根据个人情况如实填写，可以酌情调整相关内容提交。

★姓名		★性别	□男 □女	出生年月		★职务	
						★职称	□教授 □副教授 □讲师 □助教

★学校		★院/系	
★教研室		★专业	
★办公电话		家庭电话		★移动电话	
★E-mail				★QQ号/微信号	
★联系地址				★邮编	

★现在主授课程情况	学生人数	教材所属出版社	教材满意度
课程一			□满意 □一般 □不满意
课程二			□满意 □一般 □不满意
课程三			□满意 □一般 □不满意
其 他			□满意 □一般 □不满意

教材出版信息					
方向一		□准备写	□写作中	□已成稿	□已出版待修订 □有讲义
方向二		□准备写	□写作中	□已成稿	□已出版待修订 □有讲义
方向三		□准备写	□写作中	□已成稿	□已出版待修订 □有讲义

请教师认真填写下列表格内容，提供申请教材配套课件的相关信息，我社根据每位教师/学生填表信息的完整性、授课情况与申请课件的相关性，以及教材使用的情况赠送教材的配套课件及相关教学资源。

ISBN（书号）	书名	作者	申请课件简要说明	学生人数（如选作教材）
			□教学 □参考	
			□教学 □参考	

★您对与课件配套的纸质教材的意见和建议有哪些，希望我们提供哪些配套教学资源：